JÜRGEN KAUBE

Im Reformhaus

Zur Krise des Bildungssystems

zu Klampen *Essay 2015*

Inhalt

Einleitung

WER von einer Krise des Bildungssystems spricht, muß diese Diagnose mit der Tatsache abgleichen, daß immer mehr erzogen, immer mehr geschult und nachgeschult, immer mehr bildungspolitisch angeschoben wird. Seit den sechziger Jahren des 20. Jahrhunderts expandiert das Bildungssystem in historisch singulärer Weise. Gab es im Jahr 1900 weltweit etwa eine halbe Million Studenten, was einem Prozent der Altersgruppe entsprach, so sind es derzeit etwa zwanzig Prozent eines Weltjahrganges. Das gilt über alle nationalen Entwicklungsstadien hinweg. Algerien beispielsweise hat heute doppelt so viele Studenten wie Deutschland um 1900, Deutschland hat heute siebzig Mal so viele wie damals, im Jahr 1900 wiederum gab es in Algerien gar keine Universität.

»Krise« kann auch nicht heißen, daß zuwenige Maßnahmen erfolgen. Kein Monat vergeht, ohne daß gute Reden gehalten, Investitionen getätigt und neue Gesetze verabschiedet werden, um durch Bildung zu sichern, was gesellschaftspolitisch erwünscht ist: Wohlstand, Aufstieg, Gerechtigkeit. Und »Krise« heißt auch nicht, daß Deutschland in den internationalen Vergleichstabellen auf unbefriedigenden Plätzen steht. Vielmehr gehören die Vergleichstabellen selbst zur Krise, weil man schlichtweg diejenigen ungebildet, oder trockener formuliert: uninformiert nennen muß, die viel auf sie geben, ohne ihre statistischen Anhänge zu lesen, denen man die Durchschnittsgröße einer finnischen Schule, die größte Einwanderergruppe in Finnland oder die finnische Jugendarbeitslosigkeit entnehmen kann. Das nämlich erst würde einen realistischen Blick auf die Vorbildlichkeit der Tabellenführer ermöglichen. Weder das bloße Geldausgeben noch die Reformdynamik oder das Auf und Ab in den Rangtabellen sagen irgend etwas über den Zustand des Bildungssystems, außer: daß es zu seinem Zustand gehört, wenn nichtssagende Kenngrößen ernst genommen werden.

Als die Bundesregierung vor sechs Jahren der sich abzeichnenden Rezession entgegenwirken wollte, waren ihr nach den Automobilen und den Straßen zuletzt auch noch die Schulen eingefallen, für die man Geld ausgeben könnte. Gewiß sind im Bildungsföderalismus dem Zentralstaat enge schulpolitische Grenzen gesetzt. Doch daß es einer tiefen Wirtschaftskrise bedurfte, um besondere Maßnahmen zur Instandsetzung von Schulgebäuden zu ergreifen, hatte gleichwohl eine eigene Aussagekraft. Wir restaurieren Schulen nicht, weil sie uns am Herz liegen und anderes als einladende Schulgebäude für ein wohlhabendes Land eine Schande wäre, sondern um die Konjunktur zu beleben. Dieser Logik zufolge würden wir eine reiche Bevölkerung einer klugen vorziehen.

Das fällt in den Bildungsdebatten unserer Tage nur darum nicht auf, weil sie es zum Gegensatz von wirtschaftlichem Wohlstand und Bildung erst gar nicht kommen lassen. Für die meisten Politiker sind Bildungsfragen ganz unmittelbar und in erster Linie Fragen des Erhalts von industriellen und dienstleistungsbezogenen Arbeitsplätzen. Wer die Jugend hat, der hat die Zukunft, hieß es einmal. Und wenn es die Wirtschaft ist, die für die Zukunft sorgt, sofern wir das Land »zukunftsfähig« machen, dann hat, wer die Bildung hat, auch die Wirtschaft. Darum hören sich Bildungsreden seit einiger Zeit so an: Zuerst wird betont, daß wir in einem rohstoffarmen Land leben. Wir haben weder Erdöl noch Gold oder Aluminium. Zwar gibt es bei näherem Nachdenken nur sehr wenige rohstoffreiche Länder, in denen man gerne leben möchte; die allermeisten sind bettelarm, verödet und in der Hand von Räuberbanden, einige wenige reine Rentiersökonomien auf der Grundlage von Öl mit schwach alphabetisierten Bevölkerungen.

Aber die typische Bildungsrede will ja nicht selbst Kenntnisse oder Intelligenz demonstrieren, ihr genügt es, deren Mehrung für andere in Aussicht zu stellen. Also folgert sie aus der Rohstoffarmut, daß wir nur »unsere Köpfe« haben. An dieser Stelle muß dann das Wort »investieren« fallen. Wir müssen in die Köpfe investieren, denn sonst droht unser Weltmarktabsturz.

Hier erscheint es den Bildungsrednern eindrucksvoll, die Zahl der Ingenieure zu erwähnen, die von den indischen und chinesischen Universitäten ausgebildet und demnächst gegen uns arbeiten werden. Da diese Zahlen irgendwo in der Nähe der bundesdeutschen Gesamtbevölkerung liegen, verstärkt das einen Eindruck, auf den man in der Bildungsrede später noch zurückkommen kann und der vor allem Hochschulpräsidenten im Publikum mit den Köpfen nicken läßt, den Eindruck nämlich, daß wir langfristig um eine vollständig durchpromovierte Bevölkerung kaum herumkommen werden. Gern verwendet wurde bis vor kurzem auch die Zahl der deutschen Nobelpreisträger nach 1945. Jene Zahl ist aber zuletzt, zumindest gefühltermaßen, sprunghaft angestiegen, bedauerlicherweise ohne jeden erkennbaren Zusammenhang mit Bildungsreformen. Das dürfte diese Kenngröße ein paar Jahre lang für Bildungsreden ungeeignet machen.

Je nach politischer Couleur und Amt wird an dieser Stelle der Bildungsrede dann die Abzweigung zu einer Klage darüber genommen, daß wir zuwenig in unsere Köpfe investieren. Die deutschen öffentlichen Bildungsausgaben in Prozent am Bruttoinlandsprodukt liegen beispielsweise hinter denen von Slowenien und Italien. Oder man weist umgekehrt darauf hin, was in den vergangenen Jahren schon alles zur Besserung der Bildungslage geschehen ist. So oder so fällt das Wort »Begabungsreserve«. Das kann in einem Abschnitt darüber geschehen, daß das deutsche Bildungssystem – gemeint sind hier die Schulen – zu viele Talente auf der Strecke läßt, weil es hochgradig ungerecht ist. Dafür werden wahlweise Pisa-Zahlen zitiert, Befunde über die Schullaufbahn von Kindern bildungsarmer Kreise, OECD-Vergleiche, nach denen es andernorts ganz anders zugehe, oder der aktuelle Anteil von Arbeiterkindern an der Studentenschaft.

Hat man auf diese Weise einen hohen Handlungsbedarf nachgewiesen, bleibt noch, ihm die Richtung zu weisen. Das ist nun nicht mehr schwer, denn Zahlen, die zu gering sind, rufen zu ihrer Erhöhung auf: Wir brauchen mehr Abiturienten und mehr Studenten. Derzeit sind gut vierzig Prozent eines Jahrganges studienberechtigt, gut dreißig Prozent studieren. Setzen wir uns also zum Ziel, diese Anteile um, sagen wir: zehn Prozent zu steigern. Man könnte auch fünf Prozent sagen oder fünfzehn. Es liegt an den Zahlen nur, daß sie wachsen, so wie auch niemand fragt, was genau in Slowenien und Italien mit den höheren Anteilen des Bildungsetats am Sozialprodukt denn geschieht oder wie sich die Chancen eines deutschen Realschülers, Beschäftigung zu finden, zu denen eines finnischen Abiturienten verhalten.

Abiturienten sind außerdem meist Gymnasiasten, und Gymnasiasten sind Schüler, die nicht auf der Haupt- oder Realschule sind. Setzen wir uns also das Ziel, erst die Haupt- und dann die Realschule abzuschaffen, das dürfte die Zahl der Abiturienten erheblich erhöhen. So lautet an dieser Stelle die sozialdemokratische Redevariante. Bei ihr ist allerdings – Achtung, Wahlkampf! – nicht von »Abschaffung des Gymnasiums« zu sprechen, sondern von »Länger gemeinsam lernen«. Christdemokraten halten davon weniger, weshalb ihnen aber nur bleibt, eine Erhöhung der Bildungsquote durch Herabsetzung der Leistungsanforderungen zu erwirken. Denn wo sonst soll sie herkommen, die effiziente Bildungsvermehrung? Wenn an Hamburger Realschulen ein Schüler, der in einer Klassenarbeit die Hälfte der gestellten Fragen beantworten kann, inzwischen eine Zwei erhält – es gab Zeiten, da reichte dies in jeder Schulform gerade mal so eben für ein »ausreichend« –, dann ist das Hinweis auf die auch beim Abitur erforderlichen Maßnahmen. An den Hochschulen wird bereits seit einiger Zeit so verfahren.

Wir brauchen, sagt die Bildungsrede schließlich, »mehr Bildungsbeteiligung«. Zugleich sollen aber auch alle Bildungsbeteiligten sich schneller bilden. Deshalb wurde flächendeckend die achtjährige Gymnasialzeit eingeführt, es war ja »Luft im System«; in demselben System, das zunehmend studierunfähige Absolventen hervorbringt, denen von den Hochschulen – ebenfalls in kürzerer Zeit und darum ebenfalls unter Entwertung der Abschlüsse – das Prozentrechnen und das Bücherlesen beigebracht werden müssen. Und sie sollen natürlich in der kürzeren Zeit auch mehr von dem lernen, was sie für die Globalisierung wirklich brauchen: Wirtschaftskenntnisse, Chinesisch oder Spanisch, Medienkompetenz, Gesundheitskunde, Teamfähigkeit, Präsentationstechniken, Ethik. Natürlich sind auch Latein (Abendland), Musik und Tanz (der ganze Mensch), Mathematik (Ingenieursbedarf) und Biologie (Gentechnik) »wichtiger denn je«. Mehr Stoffe, schneller, für immer größere Kreise, bei konstanten Ausgaben – nun, es sind Wertereden, die keine Rücksicht auf Knappheiten oder den Verstand nehmen müssen.

Machen wir es kurz: Der beste Indikator für die Krise des Bildungssystems sind die Reden, die zu seinem Wachstum aufrufen. Denn sie zeigen nicht nur einen Mangel an Kenntnissen und Logik bei denen, die sie halten. Sie beweisen auch, daß ihnen jegliche Anschauung von Schulen und Hochschulen fehlt.

Bildungsreden haben oft etwas Deprimierendes. Nicht nur, weil sie so undurchdacht sind, und auch nicht, weil es keine Taten gäbe, die man auf sie beziehen könnte. Leider gibt es solche Taten durchaus. Wir kennen sie unter dem Titel »Reform«, und sie sind gerade dabei, unsere Universitäten ganz sinnlosen Belastungstests auszusetzen sowie das Lehrpersonal an den Schulen zu zermürben. Die Tristesse der gängigen Bildungsrede besteht vielmehr darin, daß sie sich Bildung nur als eine Durchgangsstation zu etwas Besserem vorstellen kann: zu Wohlstand, Aufstiegsmobilität, Wettbewerbsfähigkeit.

Gewiß wäre es töricht, den Zusammenhang zwischen einer gut ausgebildeten Bevölkerung und dem Wohlstand eines Landes zu leugnen. Alle ökonomischen und soziologischen Studien, die sich damit befassen, sprechen dafür, daß Schulen und Universitäten, die funktionieren, einer Gesellschaft guttun. Aber angenommen, der Wohlstandszuwachs bliebe auch mit mehr Abiturienten und besseren Hochschulen und einer intelligenten frühkindlichen Erziehung aus, weil selbst finnische oder kanadische Bildungsverhältnisse nicht verhindert hätten, daß die Lehman-Bank den Bach heruntergeht. Angenommen, man studierte und stiege trotzdem nicht auf. Wäre Erziehung dann gescheitert? Hätten wir uns dann die Kosten und die Zeit für Bildung lieber erspart? Das Elend der Bildungsdebatte liegt in der Unfähigkeit, die Schule als Schule und die Universität als Universität wertzuschätzen: ihre Anforderungen, ihren Eigensinn, ihre guten Traditionen.

Das reicht bis in elementare Einstellungen hinein. Wer heute ein Kinderspiel erwirbt, muß damit rechnen, daß auf der Packung gut sichtbar festgehalten ist, das Spiel fördere die »Feinmotorik«, die »Auge-Hand-Koordination« und »das freie Spiel« des Kindes. Es handelte sich in unserem Fall um neun kleine Holzkegel samt Kugel. Solche Aufschriften dokumentieren recht gut das gegenwärtige Verhältnis zu Bildungsfragen. Ehedem Selbstverständliches wird in einen Leistungszusammenhang gebracht, der seinerseits aber wie eine Parodie von Leistung wirkt. Mitgeteilt wird, das Spiel fördere das Spielen. Wie überhaupt alles, was das Kind angeht, so haben auch Spiele es zu fördern: seine Fähigkeiten, wahlweise auch sein Gehirn oder seine Chancen. Nicht nur das Kegeln, sondern jegliche Form von Bildung wird dabei betrachtet wie ein Mittel, das dem Nachwuchs zur Stärkung verabfolgt wird und zuvor auf seinen Vitamingehalt zu prüfen ist.

Wenn Bildung als ein solches Vitamin erscheint, wird an den Schulen nicht mehr gelesen und gerechnet, weil Bücher wie Zahlen hintersinnige Objekte sind, weshalb sie die Phantasie anregen und den Verstand herausfordern, sondern weil Texte die Lesekompetenz und mathematische Aufgaben die Rechenkompetenz fördern. Das Wort »Kompetenz« bedeutete früher einmal »Zuständigkeit«, ist aber inzwischen als betriebswirtschaftlich-erziehungswissenschaftlicher Doppelbalg zum geschwollenen Ersatzbegriff für »Können« geworden. In der Folge gibt es nichts mehr, wozu man nicht kompetent gemacht werden kann: Teamkompetenz, interkulturelle Kompetenz, Konfliktkompetenz, Unterstreichkompetenz. Dies alles sind keine erfundenen Fälle, sondern Einträge in der endlosen Liste der Unterrichtsziele neuester Pädagogik.

Das Ideal des Unterrichts, vom Kindergarten bis zur Hochschule, sind dann der Methodenkurs und das Kommunikationstraining. Und tatsächlich war es der Eindruck von Beliebigkeit, den die Unterrichtsgegenstände auf viele Erziehungswissenschaftler machen, der sie zu der Ansicht führte, es komme in der Schule nicht auf die Geometrie, die Physiologie der Pflanzen oder Kleists Novellen als solche an, sondern auf »das Lernen des Lernens«. Das ist schon richtig, aber es ergibt sich eben erst als Nebeneffekt der Beschäftigung mit Sachfragen. Doch das Interesse an ihnen wird bei Lehrern wie Schülern geschwächt, wenn alle Inhalte des Unterrichts nur noch als beliebig austauschbare Hebel zur Erlangung von Lernerfahrungen betrachtet werden. Sobald Schule wie Universität den Eindruck vermitteln, die eigentlich interessanten Dinge kämen erst, wenn man ihren Hindernisparcours aus merkwürdigen Leistungsanforderungen überwunden hat, müssen sie mit nachlassender Lernbereitschaft rechnen. Irgendwann nämlich teilt sich den Schülern und Studenten der Eindruck mit, daß Schule und Studium nur einen instrumentellen Sinn haben, daß Bildung das Mittel ist, um Zertifikate zu erlangen.

Was ist Bildung stattdessen? Zunächst einmal ist sie weniger das Vermögen mitzumachen als dasjenige, einen Schritt zurückzutreten. Darin steckt, wohlverstanden, keine Polemik gegen die Berufswelt. Sondern nur eine gegen die Vorstellung, es nütze diesen Berufswelten und den Organisationen der Wirtschaft, der Politik, der Erziehung oder des

Rechts ungeheuer, wenn ihr Personal nach Art von Tennisspielern agiert, bei denen das Nachdenken dem erfolgreichen Reflex im Weg stünde. Bildung ist keine Technik zur Vermeidung von Schwierigkeiten. Kleists Novellen, die Geometrie und die Physiologie der Pflanzen eignen sich vielmehr als Gegenstände des Unterrichts, weil sie voller Schwierigkeiten stecken, an denen man auch scheitern kann. Jemanden erziehen heißt, ihn mit der Fähigkeit zu begaben, sich gegenüber seiner Umwelt eigensinnig zu verhalten, um Schwierigkeiten und Möglichkeiten zu sehen, die anderen nicht auffallen. Freiheit ist, anders als es manchen Liberalen vorkommt, keine Naturausstattung, sie setzt Kenntnis ihrer Umwelt voraus. Der große Liberale John Stuart Mill nahm genau darum die Schulen von seinem Plädoyer für die Entstaatlichung der Gesellschaft aus. Wer nicht weiß, wovon er redet, kann sich auch nicht aus eigener Kraft zustimmend oder abweichend dazu verhalten. Bildung ist insofern zwar nicht Erziehung gegen die Umwelt der Bildungseinrichtungen, aber gegen die Sprüche, die aus ihr auf die Jugendlichen und die Lehrer einströmen.

Die alte bürgerliche Analogie von Bildung und Arbeit beruhte auf diesen Eigenschaften. Als der Begriff »Bildung« im 18. Jahrhundert prominent wurde, ging es um Erziehung zur Individualität. Gebildet sei, hieß es, wer über sich selbst nachzudenken vermöge. Der Schüler wurde als Person vorgestellt, die sich durch Lernen an Natur, Geschichte, Kunst und Sprache selbst anreichert. Kurz: Der Unterricht sollte es dem Schüler ermöglichen, herauszufinden, was alles in ihm steckt. Alles – das heißt eine ganze Welt, nicht nur eine Berufskarriere. Die Schule erzieht nicht nur zur Berufsfähigkeit, sie erzieht beispielsweise auch Staatsbürger und Familiengründer, Menschen also, die ihr Leben selbständig führen sollen, und das in einer Gesellschaft, in der viele lieber singen lassen, als selbst zu singen, in der es also Delegationsmöglichkeiten für Dinge gibt, die man besser selbst täte: Lesen, Rechnen, Schreiben, Denken.

Die Bildungskrise liegt also nicht darin, daß uns oben ein paar Pisa-Punkte fehlen, sondern daß uns unten eine Bevölkerung entsteht, die zu elementarer Selbständigkeit der Lebensführung nicht mehr in der Lage ist. Und sie liegt darin, daß wir, um Schwierigkeiten zu umgehen und Härten zu vermeiden, Bildung als etwas Leichtes, mittels didaktischer Tricks und Prüfungen, durch die man nicht fallen kann, leicht zu Erwerbendes vorstellen. Die Aversion der Gymnasiasten gegen Mathematik und die daraus folgende Abstinenz gegenüber dem Ingenieursstudium rühren aus der Kontrasterfahrung zur restlichen Schule: Warum auch sollte man etwas studieren, an dem man scheitern könnte?

Was kann in einer solchen Lage getan werden? Dreierlei drängt sich auf. Zunächst wäre es nötig, die Zeit der Reformen zu beenden. Seit Jahrzehnten werden die Bildungseinrichtungen von ihnen und einer Reformklasse heimgesucht, die im Ändern einen eigenen Beruf gefunden hat. Ein älteres Wort dafür war Beschäftigungstherapie, heute müßte man von einer Therapieselbstbeschäftigung sprechen, die zu Lasten der Intelligenz unserer Bildungseinrichtungen geht. Ihr Imperativ lautet »Ganz anders als bislang!«, was folgerichtig nach ein paar Runden zur Wiedervorlage aller älteren Modelle unter zwischenzeitlicher Entnervung sämtlicher Betroffenen und einem absurden Zeitverbrauch führt. Erst G9, dann G8, dann optional G8 oder G9. Hat schon einmal jemand ausgerechnet, wie viele Stunden an Unterricht, Lektüre sinnvoller Texte oder Experimenten im Labor uns die Reformen gekostet haben? Die Zahl dürfte weit über das hinausgehen, was für gute Bildung nötig wäre. Ja, es gibt Luft im System.

Genauso wichtig, wie sie entweichen zu lassen und das ständige Evaluieren, Strukturändern und Strukturänderungenzurücknehmen zu beenden, wäre es, damit aufzuhören, von der Bildung, den Schulen und Hochschulen zu verlangen, was sie nicht leisten können: die Abschaffung der Unterschicht etwa, die Hervorbringung des ganzen Menschen oder die vollständige Kompensation von Gleichgültigkeit gegen Bildung in vielen Milieus. Es ist widersinnig, erst den Begriff der Bildung, den Unterricht und das Studium zu entleeren, sie danach mit Aufgaben anzufüllen, die in die Zuständigkeit der Sozialpolitik, des Managementtrainings oder der Familien fallen, um ihnen zuletzt bei Nichtbewältigung dieser Aufgaben Versagen vorzuwerfen. Wir überfordern und unterfordern die Schulen und Hochschulen zugleich.

Damit aufzuhören leuchtet aber nur ein, wenn man einen Begriff von der eigenen Leistungsfähigkeit des Bildungssystems hat und ihm als Funktion zubilligt, nicht die reichere, die gerechtere, die moralischere oder die medienkompetentere Gesellschaft hervorzubringen, sondern nicht mehr und nicht weniger als wache, wahrnehmungsfähige, kenntnisreiche Bürger. Die, das wäre der Optimismus der Bildung, würden sich dann auch von einer noch so tiefen Wirtschaftskrise nicht in Frage gestellt sehen.

Bildungsziele und Bildungsreden

Was Schule leisten soll und kann

Dreierlei steht fest, wenn heute in Deutschland über Bildung gesprochen wird: Wir haben, erstens, zuwenig davon. Die Chancen, an Bildung zu gelangen, sind, zweitens, zu ungleich verteilt. Die Schule kann, drittens, beides ändern.

Mitunter scheint es geradezu, als könne Schule, wenn sie nur richtig eingerichtet wäre, an den Individuen alles gutmachen, was die Gesellschaft an Unvernunft und Ungerechtigkeit oder jedenfalls Ungleichheit verwirklicht. Die Belege dafür, daß das geht, kommen aus dem Ausland. Schon beim Verweis auf das bildungspolitische Arkadien, Finnland, mochte man sich allerdings fragen, ob die Schüler aus den Schulen des Pisa-Spitzenreiters im Bereich Lesen nicht auch deshalb so gleich herauskommen, weil sie in entscheidender Hinsicht so gleich hineingekommen sind. Es gibt in Finnland keine Kinder, die nicht die Unterrichtssprache sprechen; es gibt keine ethnische Unterschichtung; es gibt wenig Großstädte; und die Einkommensungleichheit ist eine der geringsten unter den entwickelten Ländern.

Der Soziologe Heinz Bude hat jetzt auf vergleichbare Korrekturen hingewiesen, die an dem Bild vorgenommen werden müssen, das vom japanischen Schulsystem existiert, insofern es auch hier gelungen sein soll, Leistungsstärke – vor allem im Bereich der Mathematik und Naturwissenschaften – mit der Kompensation von Herkunftsnachteilen zu verbinden.[1] Tatsächlich wechseln 97 Prozent der Schüler in Japan nach sechsjähriger Elementar- und dreijähriger Mittelschule auf die Oberschule, wodurch das »Abitur« zum Bildungsminimum wird. Sitzenbleiben ist ausgeschlossen.

Die gesellschaftliche Selektion der Bildungszertifikate setzt darum von oben ein: Das Ansehen der Hochschulen bestimmt sich nach der Übergangsquote ihrer Absolventen zu den großen Firmen. Die Oberschulen werden danach sortiert, welche die meisten Übergänge zu den erfolgreichen Hochschulen vorweisen kann, und so weiter bis zum Kindergarten hinunter. Auf jeder Stufe lösen Aufnahmeprüfungen das Knappheitsproblem. An fünfzigtausend Ergänzungsschulen werden die Schüler von privaten Anbietern abends und an den Wochenenden bearbeitet. Das mobilisiert erhebliche Ersparnisbildung und erheblichen Druck, der sich allerdings an staatlichen Schulen nicht zeige, weil sich die Schüler dort von ihrem Zusatzunterricht erholten.

---

1 Heinz Bude, Bildungspanik. Was unsere Gesellschaft spaltet. München: Hanser 2011.

Zurück zur Beschreibung der deutschen Bildungsproblematik. Den Beleg dafür, daß es zuwenig Bildung gibt, liefern die Zahlen der Schulabgänger ohne Zeugnis sowie die Pisa-Daten, die von Scharen Fünfzehnjähriger berichteten, die nicht wissen, was »desinfizieren« bedeutet. Hinzu kommen die niederschmetternden Zahlen zum Analphabetismus in der Bevölkerung. Geschätzte 7,5 Millionen Erwachsene sind in diesem Land nicht in der Lage, auch nur kurze Texte zu verstehen.[2]

Zugleich werden allerdings Abiturientenanteile an den Geburtsjahrgängen von deutlich mehr als dreißig Prozent ermittelt. Daß das Gymnasium ein »Refugium der Selbstähnlichkeit« und ein Ort »sozialer Endogamie« sei, der von Abstiegs- und sozialer Ansteckungsangst geplagten Mittelklassen zäh verteidigt werde, wie Bude formuliert, dürfte angesichts der Bevölkerungsanteile, die es inzwischen aufnimmt, eine etwas kompakte Darstellung sein. Nimmt man die Fachhochschulreife hinzu, so ist abzusehen, daß bald die Hälfte eines Jahrganges zum Studium berechtigt ist. Wie homogen soll man sich die Hälfte der Bevölkerung vorstellen?

Der Bildungspolitik jedenfalls erscheinen die heutigen Zahlen noch zu gering. Zuletzt hat der

---

2 Vgl. die im Februar 2011 vorgestellte Studie im Auftrag des Bundesbildungsministeriums unter http://blogs.epb.uni-hamburg.de/leo/.

allgemeine Parteienkonsens, die Hauptschule abzuschaffen, der in vielen Regionen, vor allem aber in Großstädten praktisch auf die Abschaffung der Realschule hinausläuft, an die nun die schwächsten Schüler überwiesen werden, den bildungspolitischen Willen unterstrichen, die Bevölkerung um jeden Preis mit höherwertigen Zertifikaten auszustatten. Unter Verweis auf die Wissensgesellschaft und auf die Abitursquoten anderer nationaler Bildungssysteme – Finnland und Irland mehr als neunzig Prozent, OECD-Durchschnitt um sechzig Prozent, die Schweiz allerdings unter dreißig Prozent – kann sie sich weitere Steigerungen vorstellen.[3]

Bei den Hochschulen und Gymnasien trifft das zumindest dort, wo das Interesse am Wachstum der eigenen Organisation nicht völlig die Sprechweise beherrscht, auf eine eigene Diagnose von Bildungsdefiziten. Man konstatiert mangelnde Hochschulreife der Erstsemester, also einen erheblichen Nachschulungsbedarf. Man beobachtet Unvertrautheit mit elementaren Lektüren, ja mit dem Lesen selber, von Mathematik ganz zu schweigen, deren Stoff der achten Gymnasialklasse von angehenden Betriebswirten nachgeholt werden muß. Man hält es an Universitäten nicht für ausgeschlossen, demnächst Ein-

---

3 In Finnland allerdings berechtigt der höchste Schulabschluß nicht schon zum Studium, und es erhalten beispielsweise nur dreißig Prozent der Bewerber zum Lehramtsstudium einen solchen Studienplatz.

heimische in Deutschkursen unterweisen zu müssen, an den Schulen beobachtet man Verschiebungen von Unterrichtsstoff in spätere Klassen, und in allen Bildungseinrichtungen hat man sich seit langem an Prüfungen gewöhnt, die kein »nicht bestanden« mehr kennen. Die Tatsache, daß die entsprechenden Klagen über den Zusammenhang von »upgrading access and downgrading skills« bildungsgeschichtlich nichts Neues sind, sagt übrigens nichts darüber, ob sie heute zutreffen. Forschung dazu fehlt.

Immerhin ist aber seit langem klar, was Bude als die »Exklusivitätsfalle« und als den »perversen Effekt der Inflation von Bildungszertifikaten durch Bildungsexpansionen« bezeichnet. Wenn ein Betriebswirtschaftsstudium und nicht nur die Mittlere Reife samt Sparkassenschule von denen verlangt wird, die in Bankfilialen Bausparverträge verkaufen dürfen, geht das nicht auf neue Bedürfnisse der Wissensgesellschaft zurück, sondern auf die Bildungsexpansion. Es entwerten sich alle Abschlüsse unterhalb des Abiturs, und wenn daraufhin der Zugang zum Gymnasium zusätzlich erweitert wird, verliert auch das Abitur an Informationswert, und es setzen neuerliche Distinktionsbemühungen ein. Wer in sie – Privatschulen, Kindergärten mit Frühchinesisch, Auslandsjahre etc. – am besten investieren kann, ist nicht schwer zu beantworten. Der starre Blick auf die Verteilung der Zertifikate und die Illusion, gesellschaftliche Gleichheit lasse sich durch pädagogische Gleichheit herbeiführen, verschärft in Wahrheit die Positionskämpfe und die Lage der in ihnen Unterliegenden.

Der zweite stets wiederholte Befund gilt dieser Lage und betrifft den in Deutschland besonders ausgeprägten Zusammenhang zwischen Bildungserfolg und sozialer Herkunft. Kinder leitender Angestellter, heißt es beispielsweise, hätten eine 2,4mal so hohe Chance, ein Gymnasium zu besuchen wie Facharbeiterkinder. Allerdings dürften sich auch leitende Angestellte, sofern sie nicht in der Ungleichheitsforschung tätig sind, unsicher sein, was das genau heißen soll. Es ist zumeist die etwas eigenwillige Formulierung dafür, daß 52 Prozent der Angestelltenkinder das Gymnasium tatsächlich besuchen und 26 Prozent die Realschule, wohingegen die Verteilung bei den Facharbeiterkindern 21 Prozent zu 25 Prozent ist. Berechnet man nun das Verhältnis der Kreuzprodukte (52 mal 25 geteilt durch 21 mal 26), so erhält man das Chancenverhältnis.

Daß der entsprechende Wert vor sechzig Jahren noch bei 36 lag und fast niemand das erwähnt, ist so bemerkenswert wie die Tatsache, daß er gar nichts mit der Wahrscheinlichkeit der Bildungschancen einer bestimmten Person zu tun hat. Die nämlich ist ja nicht nur »Facharbeiterkind«, sondern eventuell auch Mädchen, Tochter einer Mutter, die vorliest, Schülerin einer ländlichen Grundschule, Migrantin, Freundin von Kindern leitender

Angestellter und so weiter – mit jedes Mal anderen Chancenverhältnissen.

Aber die Bildungssoziologie interessiert sich, wie man ihren Lehrbüchern entnehmen kann[4], nicht sehr für die Wirklichkeiten, aus denen ihre Daten stammen, sie hält die Daten selber für die Wirklichkeit. Eine Berechnung beispielsweise, wie hoch die relativen Bildungschancen für Arbeiterkinder und Oberschichtenkinder sind, deren Eltern jeweils schuladäquat bzw. -inadäquat erziehen, wird nicht angestellt. Dabei wäre es soziologisch ja gerade wissenswert, wodurch eine solche gängige »Variable« wie die Schichtzugehörigkeit, der Beruf oder der Bildungsgrad des Vaters Einfluß auf die kognitiven Möglichkeiten und das Verhalten von Kindern hat. Sind die Ressourcen (Geld, Zeit, Kraft, Wissen) ausschlaggebend, die Einstellungen zur Schule, die Kommunikationsstile, die Risikowahrnehmung? Studien wie die des italienischen heute in Oxford lehrenden Soziologen Diego Gambetta, die sich nicht mit pauschalen Verweisen auf ungleich verteiltes »kulturelles Kapital« begnügen, sondern Lebensentwürfe und ungleich verteilte Risikobereitschaften sowie Kostenkalkulationen einbeziehen, sind die Ausnahme geblieben.[5]

---

4 Zuletzt Johannes Kopp, Bildungssoziologie. Eine Einführung anhand empirischer Studien, Wiesbaden: VS-Verlag 2009.

5 Diego Gambetta, Were they pushed or did they jump? Individual decision mechanisms in education, Cambridge: Cambridge University Press 1987.

Die gängige Bildungssoziologie führt also vor das Paradox, daß sie die Familien und die Schulen als die Ursachen der Bildungsungleichheit bezeichnet, aber weder über Familien noch Schulen viel zu sagen hat. Wieso beispielsweise werden überhaupt Eigenschaften des Haushaltsvorstandes zur »Erklärung« von Schulerfolgen herangezogen, wo es doch in vielen Fällen nach wie vor – und selbst bei Doppelverdienern – die Mütter sind, denen die meisten familiären Erziehungsaufgaben zufallen? Oder: Was ist aus den Bildungsambitionen der Arbeiterschaft geworden? Weshalb wird die soziale Lage in vielen Milieus inzwischen oft als schicksalhaft interpretiert? Weil sie objektiv fataler ist als in der Unterschicht vor hundert Jahren?

Einer Antwort auf solche Fragen kommt man nicht durch Statistiken näher. Die Bildungsforschung aber ist in Deutschland eine Art Filiale des Statistischen Bundesamtes und des Pisa-Konsortiums geworden. Das Max-Planck-Institut gleichen Namens befaßt sich mit allem Möglichen – Altern, Rationalität unter Ungewißheit, Geschichte der Gefühle –, aber nicht mit Unterricht, Erziehung und familiärer Sozialisation. Und was als »empirische Bildungsforschung« immer mehr Lehrstühle an sich zieht, ist tatsächlich eine Disziplin, deren Empirie selbsterzeugte Zahlenkolonnen sind.

Wie das statistische Bewußtsein die Soziologie der Schule überlagert, zeigen Untersuchungen wie eine am Berliner Wissenschaftszentrum durchgeführte, in der eine Kritik des gegliederten Schulsystems daraus gezogen wird, daß die Ergebnisse von Intelligenz- und Persönlichkeitstests an siebzehn- bis neunzehnjährigen Schülern gegenüber der Verteilung derselben Schüler im Alter von zehn Jahren auf die hergebrachten drei Schultypen abwichen.[6] Auf dem Gymnasium fanden sich sowohl überproportional Schüler mit akademisch gebildeten Eltern als eben auch Schüler, die weniger Punkte in jenen Tests erzielten als Real- und sogar Hauptschüler, die zumeist Eltern ohne Abitur und Studium haben. Das könnte dem schon bei Gambetta ausgeführten Befund entsprechen, daß die Mittelschicht dazu neigt, ihre Kinder zu überschätzen, in Arbeiterfamilien hingegen Bildungslaufbahnen eher konservativ geplant werden. Für Gambetta war letzteres allerdings keine Frage der Fehleinschätzung, sondern einerseits der ökonomischen Ressourcen, andererseits der größeren Empfindlichkeit der Arbeiterfamilien für schulische Mißerfolge, die schneller als Hinweis auf eine gebotene »bescheidene« Bildungskarriere gedeutet werden.

Die Berliner Forscher hingegen hielten nicht nur Intelligenztests an und Selbstauskünfte von Acht-

---

6 Johannes Uhlig e. a., »Bildungsungleichheiten und blokkierte Lernpotenziale. Welche Bedeutung hat die Persönlichkeitsstruktur für diesen Zusammenhang?«, Zeitschrift für Soziologie, Jg. 38 (2009).

zehnjährigen zu ihrer Persönlichkeit für informativ in der Frage, wie sich das Lernverhalten dieser Schüler während ihrer Sekundarschulzeit darstellte. Die Möglichkeit, daß die Realschülerin durch ihre Schule – was mehr heißt als »durch den Schultyp ihrer Schule« – zu dem wurde, als was sie mit achtzehn dann im Test erschien, wird nicht erwogen. Wozu die Schüler ihre Intelligenz verwenden, kommt im Argument ebenfalls nicht vor. Bude, der die Berliner Untersuchung zitiert, weist auf die Möglichkeit hin, dass Begabung auch zum Normbruch und zur Distanzierung gegenüber Leistungserwartungen eingesetzt werden kann.

Die Forscher jedoch schließen daraus, daß Intelligenztests nur »12 bis 26 Prozent« der Schulleistung erklären und dreißig Prozent ihrer Stichprobe zu hoch oder zu niedrig plaziert waren, auf ein fehlkonstruiertes Schulsystem. Da die Lehrer offenbar entweder nicht zutreffend benoten bzw. die falschen Laufbahnempfehlungen abgeben oder Lehrer wie Eltern die Potentiale der Kinder nicht erkennen, sei eine möglichst späte Selektion geboten. Daß die Schule nicht Intelligenztests, sondern Unterricht, Klassenarbeiten und Urteile von Lehrern anbietet, erscheint vor den Prämissen dieser Art Bildungssoziologie erstaunlich. In ihrer Konsequenz läge es deshalb nicht einmal, die Schultypen abzuschaffen, sondern die schulische Selektion durch eine soziologisch-psychologische zu ersetzen und die Laufbahnempfehlung aus Intelligenztests abzuleiten.

Das Desinteresse der Bildungssoziologen an der tatsächlichen Schule, von deren richtiger Einrichtung sie doch zugleich alles erwarten, hat methodische Gründe. Der in Chicago lehrende Soziologe Andrew Abbott hat vor längerem schon in brillanten Aufsätzen auf die Blindheiten einer Forschung hingewiesen, für die soziale Wirklichkeit aus den kausalen Zusammenhängen besteht, die zwischen Personenmerkmalen (Geschlecht, Konfession, Einkommen der Eltern, Wohnort etc.) und anderen Personenmerkmalen (Bildung, Berufstätigkeit, Einkommen) herrschen.[7] Dabei gerate aus dem Blick, wie, wo und wann konkret es die Ursachen denn machen, daß sie Wirkungen haben. Und es verliere sich das soziologische Urteilsvermögen für die Vieldeutigkeit sozialer Tatbestände: Wenn Gymnasiasten, so Abbott, weniger oft straffällig werden als arbeitslose Jugendliche gleichen Alters, dann könne es an ihren Einstellungen liegen, an normativen Gepflogenheiten ihres Milieus, an ihrem durchschnittlichen Wohlstand – oder einfach daran, daß ihnen die Schule weniger Zeit für Straftaten läßt. In der Statistik erscheint nur ein »Zusammenhang« von Bildung und Devianz, der sozial eventuell aber gar keine Rolle spielt.

Auch die Bildungsforschung ist ein solcher Fall von Variablensoziologie. In ihr kommt nicht vor,

---

7 Andrew Abbott, Time Matters. On Theory and Method, Chicago: Chicago University Press 2001.

daß ein und dieselbe Merkmalszuschreibung entgegengesetzte Verhaltenserwartungen begründen könnte. Führt die Tatsache, daß die Eltern Migranten sind, wegen der durchschnittlichen Einkommensschwäche dieser Gruppe zu Bildungsrückständen oder wegen der Ambitionen dieser Gruppe auf Neuanfang sowie ihrer Bereitschaft, Entbehrungen auf sich zu nehmen und sich auf unbekannte Umgebungen einzustellen, gerade zu Bildungsaspirationen? Die Variable selber gibt darüber keine Auskunft. Wieso korreliert der sozioökonomische Status der Eltern auch mit ihrer Bereitschaft, den Kindern vorzulesen, wenn Vorlesen in einer Gesellschaft mit Leihbibliotheken gar kein Geld kostet? Weshalb schrecken Studiengebühren angeblich Abiturienten aus einkommensschwachen Milieus vom Studium – aber nicht vom Mobiltelefonieren und vom eigenen PKW – ab, ohne daß die regional unterschiedliche Einführung von Studiengebühren Wanderungsbewegungen auslöst? Hängt es, in den Worten Abbotts, mit einer fundamentalen Zweideutigkeit der Kategorie »Einkommen« als Quelle sowohl des Sparens wie auch des Konsums zusammen, die es verwehrt, aus der Einkommenshöhe eindeutige Schlüsse auf Verhalten zu ziehen? Wie soll es kommen, daß das Kind eines Facharbeiters zu jedem Zeitpunkt seiner Bildungslaufbahn das Kind eines Facharbeiters ist, sobald es jedoch die Hochschulreife erworben und studiert hat, seine eigenen Kinder Akademikerkinder sind, die gewissermaßen der Herkunftsklasse ihrer Eltern verlorengegangen sind und nicht mehr in deren Erfolgsbilanz eingestellt werden?

Würde die Bildungssoziologie mehr über ihre Variablen und ihre Kausalitätsbegriffe nachdenken, was sie nicht tut, so wäre dadurch allerdings die Frage nach der schulischen Wirklichkeit, die daraus Folgerungen zu ziehen hätte, noch nicht beantwortet. Ob überhaupt Unterricht stattfindet, ist in bezug auf die zur »Restschule« heruntergeredete Hauptschule vielerorts die wichtigere Frage als die nach der sozioökonomischen Zusammensetzung ihrer Schülerschaft. Der Kampf gegen die Schulstruktur, der sich mit Ungleichheitsforschung munitioniert und insofern zum Denken in Variablenkausalität paßt, verdeckt womöglich, wie sehr die Bildungserfolge vom Unterricht und von der professionellen Stabilität des Lehrpersonals abhängen anstatt von der Struktur des Schulwesens. Daß die Schule nicht voraussetzungslos arbeitet, kommt hinzu. Soziologisch betrachtet, ist es unwahrscheinlich, daß eine Organisation, die über wenig mehr verfügt als Unterrichtsstunden, auszugleichen vermag, was, je nach Deutung, der Kapitalismus, die Klassengesellschaft, die Medien oder die Familien angerichtet haben. Vermutlich wäre viel gewonnen, wenn man sie tun ließe, was sie kann, anstatt sie ständig im Hinblick auf etwas zu reformieren und zu kritisieren, was ohnehin nicht in ihrer Macht steht.

Erziehung oder Sozialisation?

An den Begriff der Bildung haben sich in mehr als zweihundert Jahren so viele Leistungserwartungen angelagert, daß er fast nur noch historisch und als Symbol ungelöster Probleme oder zu kompakt gestellter Fragen brauchbar scheint. Warum soll Erziehung auch noch Bildung sein? Weshalb also sollte eine Person, wenn man sie erwachsen nennen soll, nicht nur als erzogen, sondern auch als gebildet angesprochen werden können? Gebildet im Unterschied wozu? Zu ausgebildet, ungebildet, halbgebildet? Oder im Unterschied zu gar nichts, sofern nämlich »Bildung« einfach nur heißen soll, daß jedes Individuum Lernprozesse durchläuft, die entweder mit seinem Erwachsensein oder als »lebenslanges Lernen« gar nie enden?

Alle entsprechenden Begriffsvarianten sind ausprobiert worden. Man hat Bildung als »Vorzeigewissen« bezeichnet und den Verfall der dazugehörigen geselligen Demonstrationskultur diagnostiziert. Oder man hält das »kulturelle Kapital« nach wie vor für zinstragend, mißt Bildung an Schulabschlüssen und deren Verteilung entweder an der Utopie einer schichtneutralen Schule – bzw. schulneutraler Familien – oder an derjenigen vollkommener Kreditmärkte, auf denen jeder seine Bildung vorfinanziert bekommt, um sie auf vollkommenen Arbeitsmärkten in dementsprechende Einkommensströme umzusetzen. Wieder eine andere Fassung des Begriffs vermutet, Bildung sei im Unterschied zu bloßem Wissen ein anderer Ausdruck für das Integral aller Wissenschaften, also für das, was eine Zeitlang Philosophie hieß und seit dem Ende des Deutschen Idealismus, also unmittelbar nachdem der Bildungsbegriff in Schwang kam, durch das populäre Sachbuch ersetzt worden ist. Gegen all das, insbesondere gegen die Massenmedien und die Schulreformen, läßt sich dann auch noch im Namen echter Bildung gegen ein »Bildungsphilistertum« protestieren, wobei echte Bildung entweder als untergegangene oder als eine bezeichnet wird, die nur noch in ganz kleinen Kreisen verbreitet ist. Oder man verzichtet schließlich ganz auf den Begriff und ist, was die Schule anlangt, damit zufrieden, wenn sie »Kompetenzen« und »Qualifikationen« sichert, was dann mittels *Bildungs*standards überprüft werden soll, die aber nur so heißen, weil keine andere Vokabel zur Verfügung steht, und die jedenfalls keine Nietzsche-, Adorno- oder Fuhrmannstandards sind.

Gibt es trotz dieser verfahrenen Lage noch gute Gründe, den Bildungsbegriff zu verwenden? Man kann auch umgekehrt fragen: Wo liegen die Grenzen einer Theorietradition, die von vornherein gegenüber dem Begriff der Bildung in Distanz gegangen ist? Gemeint ist die soziologische Theorietradition. Denn anstatt von Bildung zu sprechen, verwenden Soziologen zur Analyse dessen, was in Schulen und Familien geschieht, zumeist die Unterscheidung von Erziehung und Sozialisation. Als Erziehung wird dabei das beabsichtigte, als Sozialisation das unbeabsichtigte Lernen angesprochen. Beabsichtigt ist die Kenntnis bestimmter Materien und Techniken, das Lernen an Texten und die Einübung von Verfahren, etwa des Rechnens oder Zeichnens sowie, allgemeiner, des Denkens und der sprachlichen Artikulation. Unbeabsichtigt wird in Schulen gelernt, was der Unterricht als soziale Situation den Schülern anbietet: beispielsweise die Beobachtung von erwachsenen Personen anhand der konstanten Rolle, die verschiedene von ihnen als Lehrer jeweils anders ausfüllen; das Sichvergleichen mit anderen Schülern; das Warten aufs Drangenommenwerden und ähnliches.

Versucht man mit Hilfe dieser Unterscheidung, den Begriff der Bildung zu bestimmen, so liegt es zunächst nahe, ihn auf der Seite der Erziehung, mithin der beabsichtigten Wirkungen des Unterrichts besser aufgehoben zu sehen. Als der Begriff um 1800 ins Zentrum einer ganzen pädagogischen Theorie gerückt wurde, geschah das, um ein bestimmtes Niveau des Umganges mit Welt zu kennzeichnen. Bildung, so die Vorstellung, bereitet zwar auf alles, also auf unbekannte Zukunft in einer Gesellschaft mit erheblicher sozialer Mobilität vor, kann aber dennoch nicht an jedwedem Unterrichtsgegenstand gleich gut erworben werden. Und sie ergibt sich noch weniger von selbst, sofern nur überhaupt unterrichtet wird. Bildung entsteht nicht beiläufig, sondern als Ergebnis von Arbeit, sie ist ein angestrebtes Ideal, nicht ein unvermeidlicher Effekt von Schule.

Auf den zweiten Blick erscheint die Sache komplizierter. Sofern Bildung nämlich meint, daß Individuen zu solchen werden, indem sie, nach Humboldts Formulierung, ein Maximum an differenzierter Welt in sich aufnehmen, liegt sie durchaus auf der Ebene der latenten Effekte von Unterricht. Die idealistische Bildungstheorie unterstreicht diesen Tatbestand, indem sie den Unterricht als solchen überhaupt weitgehend ausblendet und das, was Bildung sei, in einem Vokabular der Selbstbildung formuliert. Die These, der Mensch bilde *sich*, läßt die Unterscheidung von Erziehung und Sozialisation im Dunkeln, und es bleibt eine reine Tätigkeit des sich bildenden Bewußtseins übrig, aus der alles Erzogen- und Sozialisiert*werden* – gewissermaßen alle Aktivität des Nicht-Ich – verschwunden ist.

Das Lernen wird auf diese Weise desozialisiert und die Bildungstheorie gegenüber der Schule verselbständigt. Nicht zufälligerweise ist darum die höchste Stufe der Bildung für die neuhumanistische Konzeption erst mit der Universität erreicht, also erst dann, wenn die Eigenselektionen des Individuums gegenüber den Fremdselektionen durch Eltern, Geschwister und Lehrer zu dominieren beginnen. Für diese Festlegung, Bildung sei Selbstentfaltung von Individualität und darum ganz erst möglich, wenn die Freiheitsgrade des Individuums hoch genug sind, wird ein hoher soziologischer Preis gezahlt: der nämlich, daß die Erziehungstheorie ihr Telos in einer Institution wie der Universität findet, in der, ihrem eigenen Verständnis nach, gar nicht mehr erzogen wird. Man muß dann die Tatsache, daß die Studenten sich die angegebene Literatur aus dem Netz holen, als Selbsterziehung zum Selbstbewußtsein bezeichnen.

Indem der Lehrer – von der Schulklasse und den Schulbüchern ganz zu schweigen – als Moment der Heteronomie im Bildungsprozeß erscheint, Bildung aber das Autonomwerden des Individuums meinen soll, wird alle Sozialität als etwas behandelt, das schon im Individuum, das darum »Subjekt« getauft wird, liegt. Die Schule tut, salopp formuliert, nichts in die Schüler hinein, was in den Schülern nicht schon drin wäre. »Jedes Ich zerteilt sich nämlich in einen Lehrer und in dessen Schüler, oder zerspällt sich in den Lehrstuhl und in die Schulbank«, formuliert Jean Paul, um aber sogleich festzustellen, daß selbst aus dem bescheidenen Vorsatz des frühen Aufstehens bei vielen Gelehrten nicht viel werde.

Daß es um Bildung geht, bedeutet, so verstanden, den Abschied von allen Transporttheorien des Lernens; um den Preis, daß Lernen nun als Dialog zweier eigenaktiver Systeme aufgefaßt wird, von denen aber das eine, der Lehrende, nur ein allgemeiner Repräsentant von »Welt« als eigenaktivem System ist, also keine spezifische Erziehungsfunktion mehr besitzt. Die Asymmetrie der schulischen Situation wird qua Subjektivität der Beteiligten aus ihr herausabstrahiert. Daß auf der anderen Seite des Dialogs in den Schulen nicht Individuen unterrichtet werden, sondern Klassen, und der Unterricht alle Schüler *demselben* Programm unterzieht, etwa dadurch, daß alle denselben Text gelesen haben sollten und angehalten werden, *dieselben* Rechenoperationen durchzuführen, fällt ebenfalls kaum ins Gewicht. Bildung wäre, so verstanden, ein Ergebnis von Selbstsozialisation im Schulkontext, denn das eigentliche Ziel des Lernens, gebildete Individualität, steht nicht auf dem Lehrplan und wird auch nicht geprüft, sondern ergibt sich allenfalls als Nebeneffekt der erzwungenen Befassung mit Kontinentalverschiebungen, Logarithmen und Novellen.

Schon aus dieser knappen Skizze ergibt sich die Frage, ob »Bildung« ein Begriff für die gelingende Einheit von Erziehung und Sozialisation ist. Eine solche Begriffsfassung würde immerhin verständlich machen, warum der Terminus historisch so leicht handhabbar war, warum so viele Sachverhalte durch ihn abgedeckt werden sollten und warum er so viele ungeklärte, also für geisteswissenschaftliche Überlegungen attraktive Zweideutigkeiten mit sich führte. Genauer: Man könnte auf diese Weise beschreiben, daß sowohl Geistes- wie auch Sozialwissenschaftler sich eines spezifischen Anschlusses an die neuhumanistische Tradition des Bildungsdenkens vergewissern konnten. Die ersteren akzentuierten den Unterricht gewissermaßen auf Erziehung, die zweiten auf Sozialisation als der jeweils arbeitsteilig zu behandelnden Komponente von »Bildung«.

So weit, so entspannt: Bildung als ein Ganzes, das aus Erziehung und Sozialisation irgendwie zusammengesetzt ist und von den entsprechenden Disziplinen irgendwie zusammengeforscht werden kann. Spannungsreicher wird das Bild, wenn man hinzunimmt, daß auf beiden Seiten Behauptungen vom Primat entweder der Erziehungs- oder der Sozialisationsfunktion des Unterrichts erhoben werden. Hier soll es um die entsprechende soziologische Behauptung gehen. Am eindrucksvollsten und einflußreichsten ist sie in den sechziger Jahren von Robert A. Dreeben erhoben worden.[1] Die Frage, was in der Schule gelernt wird, beantwortete Dreeben, ohne den Lehrplan im engeren Sinne des Wortes auch nur zu streifen. Die manifesten Erziehungsabsichten des Unterrichts wurden den Pädagogen und Didaktikern gewissermaßen geschenkt. Das Bezugsproblem der Schule war für Dreeben nicht, daß das Kind zuwenig von dem weiß, was es wissen muß,

---

1 Robert A. Dreeben, Was wir in der Schule lernen, Frankfurt am Main 1980 (What We Learn in School, Chicago 1968).

um erwachsen zu werden, sondern daß es zunächst ausschließlich in Familien aufwächst, die, weil sie auf Liebe gegründet werden, nicht in der Lage sind, universalistische Einstellungen, Leistungsnormen und persönliche Distanz durchzusetzen.

Wozu die Schule sozialisiert, ist demnach die Fähigkeit der Kinder, sich als Adressaten bestimmter Erwartungen zu begreifen, die viel spezifischer sind als diejenigen, die in Familien kultiviert werden. Das entsprach einer älteren und gewiß viel schlichteren Auffassung von dem, worum es in der Schule geht. Denn schon immer gab es Pädagogen, für die das wichtigste an der Schule war, daß die Schüler einsehen, wie sehr das musterhafte Erledigen der Aufgaben, das Anmelden von Beiträgen, die Achtung von Autoritäten und dergleichen sich lohnt. Schon immer haben sich die Lehrer weniger über mangelnde Leistungen als über mangelndes Betragen aufgeregt.[2]

Entsprechend wurden Dreebens Darlegungen mitunter auch als sublime Wiederauflage einer Disziplinartheorie abgelehnt, der es darum gehe, die Funktion der Schule als Produktionsanstalt von Sozialcharakteren zu rechtfertigen, die zum kapitalistischen Betrieb paßten. Aber auch die neuere Ansicht, das Wichtige an der Schule sei das Lernen von »Sozialkompetenz«, ist wenig mehr als

---

2 Philip A. Jackson, Life in Classrooms (1968), Nachdruck New York 1990, S. 22.

eine Umkehrung dieser älteren Disziplinartheorie ins Angenehme. Früher bereitete die Schule eben angeblich auf Bürokratien und Armeen vor, heute tut sie es, wenn es nach wohlmeinenden Pädagogen geht, auf die vermeintlich demokratischeren Umgangsformen in der Software-Industrie, der Werbebranche, in sozialen Bewegungen oder bei den Unternehmensberatern. Für jeden dieser Fälle könnte man, nach allem, was bekannt ist, nur sagen: Wenn die wüßten! Früher war jedenfalls Reinreden verboten, heute kommt dem Ausredenlassen ein höheres Gewicht zu. Wichtig erscheinen in beiden Fällen jedenfalls nicht so sehr die kanonischen Bildungsprogramme als vielmehr die Sozialisationseffekte, die sich ergeben, wenn an ihnen in Unterrichtsform gelernt wird. Die bildungspolitischen Abzweigungen in eine Richtung, die den repressiven Charakter solcher Effekte betont, und eine, die mit dem Einsozialisiertwerden bürgerlicher Normaleinstellungen schon ganz zufrieden wäre, ändern nichts an dieser Übereinstimmung.

Gemeinsam ist sowohl der optimistischen wie auch der pessimistischen Sozialisationstheorie des Unterrichts, daß beide die Schule für eine Art Mikrokosmos der Gesellschaft halten müssen. Nur dann nämlich, wenn die Umstände des Unterrichts hinreichend denen ähneln, auf die hin sozialisiert werden soll, kann daran gedacht werden, von der Schule vor allem Sozialisationsleistungen zu erwarten. Andernfalls nämlich wäre das in der Schule Gelernte nur für den Besuch anderer Schulen nützlich. Dreebens Vorschlag läuft deshalb darauf hinaus, die Ähnlichkeit zwischen Unterricht und Schulumwelt vor allem im Begriff der Organisation zu suchen. Die Schule sozialisiert mittels eines »heimlichen Lehrplans«, dessen Pensum die Einführung der Schüler in das organisationsförmige Leben ist, das sie nach dem Schulbesuch erwartet. Sie lernen, formale und informale Kommunikation zu unterscheiden, werden auf das Erdulden von Vorgesetzten und den Klientenstatus gegenüber Professionen vorbereitet, üben sich in Leistungsorientierung und unpersönliches Verhalten ein. Die Schule bringt, so gesehen, *organisational men* hervor, die sich aufgrund ihrer schulischen Sozialisation auch im Berufsleben, in Handwerksbetrieben, Firmen, Krankenhäusern, Verwaltungen und Universitäten zurechtfinden. Die betroffenen Organisationen neigen zwar dazu, eben das zu verneinen und von der Schule mehr »Praxisnähe« und leichter zu integrierende Absolventen zu verlangen, aber da sie es nur äußerst selten mit Beschäftigten zu tun bekommen, die gar keine Schulsozialisation durchgemacht haben, fehlen ihnen echte Vergleichsgesichtspunkte.

Hat das nun alles etwas mit Bildung zu tun? Man muß die Frage verneinen, sofern man bei Bildung an Orientierungsfähigkeit in geistigen Welten denkt. Traut man hingegen der Beschäftigung mit geistigen Welten – Goethe, Trigonometrie, Evolutionslehre, Emser Depesche – umgekehrt zu, die allgemeine Urteilskraft, auch die also im Sozialen zu stärken, ist die Antwort offen. Die Schule sozialisiert, indem sie Kinder der Erfahrung aussetzt, warten zu müssen, oft sogar vergeblich warten zu müssen. In den Schulklassen werden sie dazu gezwungen, sich wie Einsame inmitten einer Gruppe zu verhalten, einer Gruppe von Bekannten zumal. Die Schule sozialisiert, indem sie Geduld einübt – und dazu reizt, Frechheiten auszuprobieren, das Gefühl, so ernst sei das nun alles auch nicht, auszuagieren oder sich still zu verhalten und abzuwarten, bis sich der Rauch verzogen hat.

Drei Fragen bleiben in diesem Bild der Schule als einer primär mit Sozialisationsaufgaben beschäftigten Einrichtung dennoch offen. Zum einen die Frage nach den Kriterien für die Auswahl von Unterrichtsthemen. Schließlich können jene Sozialisationseffekte von der Bewältigung aller möglichen Stoffe erwartet werden. Vom Gesichtspunkt der Einübung in modernes Rollenverhalten aus läßt sich beispielsweise nicht entscheiden, ob besser mehr Kunst oder mehr Biologie und falls Biologie, welche Art von Biologie, unterrichtet werden soll. Mag also das meiste und das wichtigste, was auf der Schule gelernt und nicht so schnell wieder vergessen wird, auf dem Wege der Sozialisation gelernt werden, so ist dennoch ganz unklar, was das für die andere Komponente des zusammengesetzten Bildungsbegriffs, für die Erziehung besagt.

Zum anderen erhebt sich die Frage, was geschieht, wenn der »heimliche« Lehrplan veröffentlicht wird, wenn also die Sozialisationsfunktion des Unterrichts als die zwar latente, aber zugleich als die wichtigere bezeichnet wird und die Pädagogen sich aufgefordert sehen, auf diese Folgen des Unterrichts als die eigentlichen zu achten. Was also sind die pädagogischen Folgen, wenn man das Inoffizielle ausflaggt und das unbeabsichtigte Lernen zum Gegenstand von Unterrichtsplanung wird?

Und schließlich: Wenn die Schule auf ihrem heimlichen Lehrplan die Ausbildung für »Gesellschaft« im allgemeinen und Organisationen im besonderen stehen hat, wo bleibt dann die Individualität, wo also diejenigen Momente an der Bildung, durch die sie Distanz gegenüber Gesellschaft, Organisation, Berufswelt erlaubt? Dreebens Theorie legt nahe, daß die Schule nur für die »moderne« Seite der Parsons'schen *pattern variables* sozialisiert, daß also das Lernen von partikularen, statusempfindlichen, affektiven und diffusen Verhaltensorientierungen von ihr nicht nahegelegt wird. Aber trifft das zu? Und bedeutet nicht »Bildung« gerade, je nach Situation auch in der Moderne über »vormoderne« Einstellungen verfügen zu können?

Keine dieser Fragen ist rein theoretischer Natur. Denn die jüngere Geschichte der Schulpädagogik ist gekennzeichnet durch eine erhebliche Verhaltensunsicherheit, sowohl was den offiziellen Lehrplan angeht, wie auch im Umgang mit dem Paradox,

Sozialisationsziele durch Erziehung erreichen zu wollen. Beide Unsicherheiten befördern einander: Wenn die deklarierten Unterrichtsabsichten erziehungswissenschaftlich als die zweitrangigen behandelt werden, verlieren sie nicht nur an Motivkraft, sondern auch an Interesse für die pädagogische Reflexion. Die Entscheidung, wie die Stundentafel zusammengesetzt werden soll, kann dann in der Gewißheit, daß die eigentliche Funktion des Unterrichts nicht an ihr hängt, an bildungspolitische und lobbyistische Zusammenhänge delegiert werden. Und umgekehrt fehlt es an Theorie für die Folgen mitgeteilter Sozialisationsabsichten, etwa für den Fall, daß sich den Schülern die zu Hauptabsichten gewordenen Nebenabsichten als solche mitteilen. Zugespitzt formuliert: Was macht der Lehrer, wenn seine von Dreeben unterstützte Mentalreservation gegenüber dem öffentlichen Lehrplan sich bei den Schülern herumspricht?

Der wichtigste Effekt, den der offizielle Lehrplan erreichen kann, besteht in der Fähigkeit, mit Verwunderlichem umzugehen. Verwunderlich ist für das Kind – und um wieviel mehr für den Jugendlichen – zunächst die schulische Erziehungssituation selbst. Das, merkt es ziemlich schnell, gibt es so nur hier. Die Vorstellung, diese Erfahrung durch einen möglichst »realitätsnahen« Unterricht ausgleichen zu können, so als ob die Thematisierung dessen, was das Lehrpersonal für die außerschulische Wirklichkeit hält, heilen könnte, daß es eine innerschulische Wirklichkeit gibt, geht in die Irre. Ganz im Gegenteil liegen die Bildungschancen der Schule in ihrer Fähigkeit, als Sonderwelt zu irritieren. Das berühmte Argument aus Hegels Nürnberger Gymnasialrede zugunsten toter Sprachen und alter Geschichte lautete, sie seien den Schülern fremd genug, um sie zu Anstrengung und Reflexion anzuregen. Ergänzend hierzu läßt sich Jean Pauls Forderung lesen, zum Ziel der Erziehungskunst gehöre die Erhebung über den Zeitgeist: »Nicht für die Gegenwart ist das Kind zu erziehen –, sondern für die Zukunft, ja oft noch wider die nächste. Man muß aber den Geist kennen, den man fliehen will.«[3]

Heute wird eher umgekehrt optiert: Medienkompetenz, Frühenglisch, praxisnahe – vom griechischen Sprachgebrauch her läge näher: techniknahe – Mathematik, Textaufgaben aus der Lebenswelt der Kinder. In den Argumenten dafür mischen sich sozialisationsbezogene mit erzieherischen Begründungen. Es soll schneller gehen, es soll umweglos gehen, und es soll auf den Weltmarkt oder wenigstens die Lektüre von Sozialhilfeanträgen vorbereiten. Die Sprachen und der Lernstoff überhaupt können dazu dann gar nicht lebendig genug sein. Darin aber wird übersehen, welche Möglichkeiten die Schule gerade in ihrer Artifizialität, als Enklave besitzt, die vom Zwang enthoben ist, vermeinte Normalsituationen aus der beruflichen (oder ehelichen,

3 Jean Paul, Levana oder Erziehlehre (1811), München 1980.

gesundheitlichen, staatsbürgerlichen) Zukunft ihrer Insassen in die Gegenwart des Unterrichts importieren zu müssen. Gerade, daß sie kein Mikrokosmos der Gesellschaft oder, entgegen der Formulierung Hartmut von Hentigs, keine »Polis im Kleinen« ist, hat angesichts der Polis im Großen ja auch seine erfreulichen Aspekte. Das meint nicht Erziehung zur Weltflucht oder zum Landleben, aber eine, die der Chance inne ist, die in der Arbeit an Themen und dem Ausprobieren von Verhaltensweisen liegt, zu denen der durchschnittliche Alltag und die Massenmedien kaum einen Weg bahnen.

Seit den siebziger Jahren lebt die Pädagogik gleichwohl mit der Hintergrundsgewißheit, daß ein moderner Unterricht den Charakter einer Mitteilung von Gehalten verlieren und an Sozialisationsleistung gewinnen werde.[4] Aber kann sie diese Gewißheit auch in ein Verhältnis zu der eigentümlichen Notwendigkeit setzen, die Leistungen der Schüler zu bewerten? Prüfungen beispielsweise sozialisieren, Zensuren sind eine zentrale Komponente für das, was Dreeben zufolge in der Schule gelernt werden soll. Doch die Zensuren selber honorieren nicht, ob die Botschaft der Notengebung beim Schüler angekommen ist, sondern sie bewerten die Leistung am Stoff: Die besten Noten erhält nicht der, der am stärksten durch Noten sozialisiert

4 Saul B. Robinsohn, Erziehung als Wissenschaft, Stuttgart 1973.

wurde. Eine Ergänzung der schriftlichen Prüfungen um mündliche Noten versucht zwar, diesem Umstand, daß nur die Einstellung zum offiziellen, aber nicht die zum heimlichen Curriculum bewertungsfähig ist, Rechnung zu tragen. Die Reaktion der Schüler darauf ist aber bekannt: Die mündliche Zensur gilt als willkür- und sympathieanfällig, die unterworfenen Völkerschaften vermuten, daß in ihr bewertet wird, was offiziell nicht bewertet werden soll, »impression management« und kollaboratives Verhalten.

Dies ist nur ein Beispiel für die Schwierigkeit, aus der Existenz latenter Unterrichtsfunktionen manifeste Strukturänderungen abzuleiten. Man mag sich nicht im einzelnen ausdenken, was passieren würde, sollte irgendwann die Wiedereinführung der Kopfnoten in Form dann versetzungsrelevanter Beurteilungen für gegenwärtige Sozialisationshits wie »Teamfähigkeit« oder ältere wie »Bereitschaft zur Veränderung«[5] (Robinsohn, a.a.O.: 137) erfolgen. Mit anderen Worten: Schüler, denen sich der Eindruck mitteilt, ihr Verhalten sei im Vergleich zur Leistung der wichtigere Beitrag zum Unterrichtsgeschehen, werden sich vor allem der Interpretationsspielräume erfreuen, die in der Beurteilung von ersterem gegenüber letzterem liegen. Daß die Beobachtung von Sozialisationserfolgen durch Lehrer überdies dazu neigen dürfte, ungleichheitsver-

5 A.a.O., S. 137.

stärkend zu wirken, indem etwa die Form der Ballade schichtunabhängig feststeht, die oft geforderte »gesellschaftskritische Orientierung« im Umgang mit Literatur aber ebenso wie der kommunikativ ansprechende Umgang mit anderen Schülern, nach allem, was man weiß, einen Mittelschichtenbias hat, sei an dieser Stelle nur notiert.

Noch erheblicher als die Wirkung sozialisationstheoretischer Einstellungen zum Unterricht auf Schüler dürfte aber die auf Lehrer sein. In dem Maße, in dem ihnen in ihrer Ausbildung mitgeteilt wird, nicht der Stoff, sondern die Schulsituation selber sei entscheidend, verliert für sie nämlich eben das an Motivkraft, was sie noch am ehesten kontrollieren können: der Inhalt des Unterrichts. Den Lehrern wird zugemutet, an den Nebeneffekten ihres Tuns ein primäres Interesse zu nehmen. Man hört von Unterrichtsproben, in denen es vor allem darauf ankommt, daß Gruppenarbeit stattfand, weil diese sozialpsychologisch approbiert ist. Das impliziert, daß den Lehrern gegenüber dem Stoff selber eine ähnliche Haltung nahegelegt wird, wie sie seit jeher die Schüler haben: eine fatalistische. Entsprechend trocknet die Fähigkeit aus, auf die Frage, warum gerade dies und nichts anderes Gegenstand des Unterrichts ist, eine Antwort zu geben. Der von Erziehung als Pflege der stofflich vermittelten Absichten weitgehend auf Sozialisation als Begünstigung der nichtintendierten Nebenfolgen verschobene Akzent in der Lehrerbildung mag darum soziologisch adäquat sein, ist aber nicht nur als Beabsichtigung des Unbeabsichtigten paradox, sondern darin auch pädagogisch inadäquat.

Daß es demgegenüber entscheidend bleibt, zwischen der soziologischen Einsicht und dem erzieherisch Sinnvollen zu unterscheiden, ist in den vergangenen dreißig Jahren in Vergessenheit geraten. Wie in den Debatten um die durch Schule reproduzierte oder verstärkte Ungleichheit, so wurde auch in der über die nichtintendierten Effekte des Unterrichts vom soziologisch Zutreffenden aufs erzieherisch Mögliche geschlossen. Doch die Schule kann ihre sozialisatorischen Funktionen nur dann erfüllen, wenn sich die Erzieher ans Erziehen und als Lehrer an die Lehre halten – und nicht an erziehungswissenschaftliche Latenzbeobachtungen, welcher Art auch immer. Denn der Beitrag der Schule zur Gesellschaft liegt nicht darin, daß die Lehrer über *irgend etwas* reden und es allein auf das Wie dieses Redens oder darauf ankommt, daß sie es mit dem Blick auf sozialisatorische Wünschbarkeiten tun. Im Begriff der Bildung ist das festgehalten, weil er nicht die Erfüllung von Erwartungen, sondern den Umgang mit Unerwartetem meint, und weil er nicht primär auf die Fähigkeit abzielt, sich auf Geselligkeitsformen und -normen einzustellen, sondern auf die, in einer Sache durch Denken und unter Rückgriff auf Wissen etwas bewirken zu können.

Pygmalion, der Habitus und die Soziologie der Karriere

SIE wär' schon gern eine Dame in einem Laden, anstatt an der Straßenecke Blumen zu verticken. Aber es nimmt sie ja keiner, solange sie nicht geschwollen redet. »I want to be a lady in a flower shop stead of sellin at the corner of Tottenham Court Road. But they wont take me unless I can talk more genteel.«[1] Kann man einer Straßenverkäuferin durch wissenschaftliche Sprecherziehung so gepflegtes Englisch beibringen, daß ihre Schichtherkunft nicht nur unerkennbar wird, sondern sie – über ihren Wunsch hinaus, leitende Angestellte eines Blumenladens zu werden – als Herzogin durchgeht?

Das war 1913 die Frage von George Bernard Shaws Komödie »Pygmalion«. Auf der Bühne wurde sie bejaht. Eliza Doolittle wird nach Abschluß ihrer phonetischen Weiterbildung sogar für eine Prinzessin gehalten, und zwar für eine ungarische, denn so gut wie sie, heißt es im Drama des Iren Shaw, könne eine Engländerin gar nicht Englisch sprechen. Das

1 George Bernard Shaw, Pygmalion and My Fair Lady based on Shaw's Pygmalion, Adaptation and Lyrics by Alan Jay Lerner, New York 1980, S. 18.

»inventing new Elizas«[2] war erfolgreich, wobei das Stück deutlich macht, daß dies nicht nur auf der pädagogischen Übertragung des Oberschichtenakzents beruhte. Genauso wichtig ist die Selbsterfindung des Zöglings. Im Verlauf des Unterrichts lernt das Blumenmädchen mehr als vornehme Aussprache und entwickelt nicht zuletzt im Widerstand gegen den Lehrer eine Ambition, die über ihre ursprüngliche hinausgeht: es den anderen wie auch sich selbst zu zeigen.

Bei dieser anrührenden Aufstiegserzählung handelt es sich um einen Fall von Habitusformation, der instruktiv für die Analyse gegenwärtiger Schichtgrenzen und ihrer Überwindung ist. Schließlich zielt das Konzept des Habitus auf ein kollektiv erzeugtes, aber individuell verwirklichtes Verhaltensrepertoire im Sinne eines Stils, der alle sozialen Äußerungen einer Person mit der Struktur der Gesellschaft verbindet, in der sie lebt. An jedem Werk zeigt der Stil, daß es nicht die Erfindung seines Erfinders ist. Und so der Habitus an sozialen Handlungen. In dem Maße, in dem es sich bei der Gesellschaft, in der sie stattfinden, um eine Klassengesellschaft handelt, sorgt der Habitus, das ist die These der an diesem Begriff hängenden Soziologen, für die Vererbung von Karrierechancen. Wie man auftrete, sei davon bestimmt, woher man komme,

---

2 A.a.O., S. 53.

und wie weit man es bringe, hänge von jenem Auftreten ab.

Die Bemühungen des modernen Pygmalions, jenes Professors für Phonetik, Henry Higgins, dem Shaw Züge des kurz zuvor verstorbenen berühmten Oxforder Linguisten und Sprachdidaktikers Henry Sweet verlieh[3], sind dem entgegengesetzt. Habitus, teilt Shaw mit, ist machbar. Darum läßt sich tatsächlich noch heute im Ausgang von Eliza Doolittle eine Reihe von Fragen formulieren, die das Konzept des Habitus, der kulturellen Schichtdifferenz und ihrer Überwindung betreffen. Mit der wichtigen Einschränkung, daß für Miss Doolittle am Ende kein beruflicher, sondern ein »gesellschaftlicher« Aufstieg vorgesehen war, sind es dieselben Fragen, die auch für weniger literarische Nachfolgefiguren des Mädchens von der Straßenecke gelten, das »katholische Arbeitermädchen vom Lande« etwa, das in den sechziger Jahren ungleiche Chancen auf sozialen Aufstieg repräsentierte, oder den »muslimischen Migrantensohn aus der Großstadt«, über den gerade viel gesprochen wird.

Ein erster Komplex solcher Fragen lautet: Worin manifestiert sich der Habitus, der für sozialen Aufstieg bzw. den Zugang zu bestimmten Karrieren entscheidend sein soll? Ist die Fähigkeit zum rich-

---

3 Zu Sweet und Shaw vgl. Anthony P.R. Howatt, Henry G. Widdowson, A history of English language teaching, Oxford 2004, S. 200ff.

tigen und mühelosen Ausdruck das wichtigste Element der Habitusformation? Oder muß Eliza Doolittle nicht doch mehr oder anderes beherrschen als nur die feinen Unterschiede der Vokale und Konsonanten, um sozialen Aufstieg zu erlangen? Bei Shaw geht es für Doolittle nur darum, in einer einzigen Interaktionssituation, einem Diplomatenball, von der Oberschicht als ihresgleichen behandelt zu werden. Schon das freilich setzt mehr als sprachliche Geschliffenheit voraus: Themenkenntnis, Manieren, Gefühl für das eigene Rollenskript und seine Komponenten (Frau, Adlige, Debütantin, Ledige etc.).

Wenn darüber hinaus von ganzen Karrieren und Zugängen zu Karrieren gesprochen wird, die vom Habitus abhängen sollen, sind die Anforderungen noch vielfältiger. Es geht dann um Bewährung in einer Vielzahl von Situationen und unter heterogenen Kriterien. So kann man sich beispielsweise nicht vorstellen, daß es für Karrieren genügt, wie sich die Kandidaten in Bewerbungsgesprächen präsentieren. Die »Auswahlverfahren« bedürfen gerade dann, wenn sie Gesichtspunkte wie Bildungswissen, »breiter Horizont«, »Gelassenheit in Situationen unter Druck« oder »Grundhaltung« einbeziehen möchten, mehr zu ihrer Grundlage als eine einzelne Prüfungssituation.

Mitunter wird dagegen vorgebracht, daß die Eignung eines Kandidaten sich binnen kürzester Zeit erweist und es oft nur ganz weniger Informationen bedarf, um belastbare Urteile über Personen zu fällen.[4] Die nachträgliche Mythologie der Bewerbungsgespräche, man habe es sofort gespürt, der »Stallgeruch« sei deutlich gewesen, der Kandidat habe einfach gepasst, folgt diesem Bild. Und auch eine Fassung der Habitustheorie, die postuliert, daß so gut wie jede Handlung vom Habitus einer Person imprägniert ist und dieser wiederum von ihrer Herkunft, kommt dem entgegen. Selbst die hochartifizielle Situation einer Prüfung oder Bewerbung wäre dann umfassend informativ.

Doch man wird fragen müssen, ob die Vorstellung zutrifft, einzelne Interaktionen seien gewissermaßen verläßliche Proben, die man einer Person entnehmen kann. Setzen doch Proben, wenn sie verläßlich sein sollen, eine gewisse Homogenität dessen voraus, was sie exemplifizieren. Und exemplifizieren doch Proben niemals alle Eigenschaften dessen, woraus sie genommen sind.[5] Wie also sollte man von Souveränität in Interaktionen auf Denkfähigkeit schließen können, von Bildungswissen

4 Eine Zusammenstellung von Anekdoten zu diesem Thema bietet Malcolm Gladwell, Blink! Die Macht des Moments, Frankfurt am Main 2005.

5 »Exemplifikation ist Besitz plus Bezugnahme«, lautet die klassische Definition von Nelson Goodman in: Sprachen der Kunst. Entwurf einer Symboltheorie, Frankfurt am Main 1997, S. 40, um damit festzuhalten, daß beispielsweise ein Stoffmuster selbstverständlich nur für Eigenschaften beispielhaft sein kann, die es selbst hat, aber auch nur für solche, die es adressiert, zum Beispiel nur die Stoffqualität oder Farbigkeit, aber nie die Größe dessen, wovon es ein Muster sein will.

auf Durchsetzungsbereitschaft oder Fleiß, von Geschmack auf die Fähigkeit, gegebenenfalls rücksichtslos zu handeln? Schon die legendären Kopfnoten der Zeugnisse – Betragen, Aufmerksamkeit, Fleiß, Ordnung – waren so formuliert, daß nicht von einer auf alle geschlossen werden konnte, geschweige denn auf die Pluralität an Begabungen, die zu erkennen dem Lehrer aufgegeben ist.

Macht man sich klar, wie unterschiedlich, ja widersprüchlich solche Kriterien für Schulerfolg und später dann auch die Eignung in anderen Organisationen sind, erscheint der Indikationswert eines als homogen unterstellten Habitus, der überall Erfolg versprechen soll, noch zweifelhafter. In »Pygmalion« zeigt sich dieser Zweifel in der alten Frage danach, ob Vornehmheit mehr als Dünkel ist und rhetorische Begabung nicht anzeigt, daß jemand und seine Sache Rhetorik nötig haben. Zu jedem Wert gibt es in dem System, das ihn schätzt, einen Gegenwert, der genauso geschätzt wird. In diesem Sinne hat Herbert Simon einst die Selbstbeschreibung von Organisationen als durch und durch widersprüchlich analysiert[6]: Man erwartet Solidität und Risikobereitschaft, Flexibilität und Zähigkeit, man präferiert den, der sich auskennt, wie den, der nicht überspezialisiert ist, den »kommunikativ« Begabten und den, der kein Schwät-

---

6 Herbert A. Simon, The Proverbs of Administration, in: Public Administration Review Vol. 6, Nr. 1 (1946), 53–67.

zer ist, den Selbstbewussten und den Uneitlen usw. Dann aber wird es schwierig, einen eindeutigen Habitus festzuhalten, der für Beförderungen qualifiziert. Nimmt man noch hinzu, daß für Karrieren in Werbeagenturen andere Dispositionen ausschlaggebend sein dürften als für Karrieren in Stromkonzernen, wird die Abbildbarkeit eines bestimmten, homogenen Habitus auf die jeweiligen Erwartungen vollends unwahrscheinlich.

Einen analogen Gedanken kann man für die Fähigkeit von Schülern durchspielen, sich in Mathematik- wie in Deutsch- oder Chemiestunden hervorzutun – und zwar durch Habitus, nicht durch Leistung. Die Behauptung, das sei kein Gegensatz, weil in die Leistungskriterien schon immer habituelle Fähigkeiten eingegangen sind, unterschätzt, wie heterogen die Leistungskriterien sind. Beruhen die Vorteile einer Herkunft aus bildungsreichen gegenüber bildungsarmen Milieus, die sich in allen diesen Fächern zeigen mögen, also wirklich auf der eingewöhnten Kenntnis hochkultureller Verhaltensregeln und Präsentationsgeschicklichkeit? Inwiefern bereitet Hochkultur auf Trigonometrie oder das Periodensystem der Elemente vor? Oder gehen die Herkunftsvorteile nicht vielmehr auf die größeren Ressourcen zurück und eine günstige familiäre Lernumgebung, in der – im Durchschnitt – mehr vorgelesen, mehr gelesen, mehr argumentiert, mehr auf Schulerfolg bestanden und mehr an Ambition riskiert wird?

Der Habitus, den die normale Schule verlangt, wäre, so verstanden, kein genuin schichtspezifischer Habitus, sondern ein Schulhabitus, den manche Familien bei ihren Kindern nur wahrscheinlicher realisieren als andere. Dabei existiert eine ganze Skala von mehr und weniger schichtneutralen Erwartungen; etwa im Hinblick auf Fächer, Prüfungsmodi und Leistungskriterien, die sprachlichen Ausdruck honorieren, und solchen, in denen rhetorische Gewandtheit oder kulturelles Wissen eine geringe Rolle spielt. An die Stelle der Vermutung, es werde schulisch in erster Linie ein besonderer (groß-, bildungs- oder besitz-?)bürgerlicher Habitus honoriert, träte dann zur Erklärung von Ungleichheit die weniger geheimnisvolle Aussage: Die Schule erzieht nicht gleichmäßig schichtadäquat, aber die Schichten erziehen auch nicht gleichermaßen schuladäquat. Eliza Doolittles Wille, einen Blumenladen zu leiten und dafür sich der Sprecherziehung zu unterwerfen, wäre insofern ein Beispiel für eine sowohl bildungs- wie auch aufstiegsadäquate Einstellung, die es naturgemäß nur in Milieus geben kann, von denen aus betrachtet Bildung und Aufstieg überhaupt sinnvolle Perspektiven sind.

Daß Kleider Leute machen, war seit jeher ein beliebtes Motiv der Komödie, das sich auch auf andere Verkleidungen als bloß textile ausdehnen läßt. Die Konventionen, die hierbei genutzt werden, haben allerdings den Nachteil, jeden Geheimnisses zu entbehren. Wie man sich zu Bewerbungsgesprächen oder im Kontor anziehen soll, dafür gibt es Literatur.[7] In dem Maße, in dem sie – nichthabituelle Fähigkeiten wie Lesen und Schlüsseziehenkönnen vorausgesetzt – leicht befolgt werden kann, auch weil Anzüge anders als höfische Trachten nicht teuer sind und Nachahmung für einen einheitlichen Stil sorgt, haben die entsprechenden Praktiken keinen Distinktionswert mehr. Wenn »Pygmalion« auf die Sprechweise einer Person als zentrales Element ihres Habitus abhebt, hat das daher seine besondere soziale Bewandtnis. Eliza Doolittle teilt zwar an der eingangs zitierten Stelle mit, für den Unterricht aus Karrieregründen auch zahlen zu wollen: »He said he could teach me. Well, here I am ready to pay him – not asking any favor – and he treats me zif I was dirt.« Aber die eigentliche Schwierigkeit, das führt das Stück schon an dieser Stelle vor, liegt nicht im Preis der Nachhilfestunden, sondern in der Erziehungssituation selber. Ökonomisch gesprochen handelt es sich bei Bildung um die gemeinsame Beteiligung des Kunden wie des Produzenten an der Produktion. Gut zu sprechen, ist für Miss Doolittle auch deshalb schwierig, weil im Sinne der Oberschicht nicht gut zu sprechen den

7 Etwa Dagmar P. Heinke, Warum Juristen meistens besser aussehen ... Dress for Success in Verhandlungen, vor Gericht und beim anderen Geschlecht, Bern 2010. Die Figur des Hochstaplers dokumentierte schon immer, daß der Habitus der Oberschicht oder einer Berufsgruppe imitiert werden kann. Allerdings stammt der Hochstapler zumeist selbst aus dem Bürgertum.

Lebensumständen ihres Milieus angemessen war, weil also die Schule sie aus ihrem Milieu herausreißt. Das Straßenmädchen, das die richtige Aussprache gelernt hat, lautet die Pointe des Dramas, kann von mehr Hindernissen auf dem Weg in die »gute Gesellschaft« berichten als von denen der richtigen Aussprache.

Diese Eigenschaft von Schulen, den Schülern etwas abzuverlangen und sie mit Strukturen zu konfrontieren, die sie in ihren Familien niemals kennenlernen würden, wird unterschätzt, wenn man die Schule nur im Dienste der Schicht- und also der Familienordnung der Gesellschaft arbeiten sieht. Weder ist, wie John Goldthorpe formuliert[8], die Familie der einzige Ort, an dem »kulturelles Kapital« weitergegeben wird, noch gibt die Schule nur solches Kapital im Sinne von Wissen und kognitiven Fähigkeiten weiter. Der berühmte »unsichtbare Lehrplan« umfaßt, wie bereits ausgeführt, vielmehr die Sozialisation zur Bereitschaft, an Aufgaben zu arbeiten, Leistungsvergleichen ins Auge zu sehen, Personen und Rollen auseinanderzuhalten, formale und informale Organisation zu unterscheiden usw.[9]

Von hier aus kann man fragen, ob die Interpretation von Habitus als Schichthabitus wirklich vollständig ist. Denn zur geheimnisvollen Dimension

---

8 A. a. O., S. 4.

9 Vgl. Robert A. Dreeben, a. a. O.

des Begriffs »Habitus« gehört, daß er sowohl der Habitus eines »Subjekts« durch seine verschiedenen Rollen hindurch sein soll, aber auch der Effekt einer Schichtherkunft sowie auch der einem Feld (Wirtschaft, Recht, Politik, Wissenschaft, Kunst etc.) angemessene Habitus. Er sei, heißt es, an der Person unverwechselbar die Einheit ihrer Handlungen in verschiedenen Kontexten, aber zugleich mit den Dispositionen ihrer Klassenmitglieder verwandt wie aber auch am Handlungserfolg der jeweiligen Situation orientiert. Entsprechend gibt es bei Pierre Bourdieu die herrschende Klasse und ihre verschiedenen Fraktionen, die aber feldspezifisch sortiert werden: Gymnasiallehrer und Hochschullehrer (Erziehung), freie Berufe (Ärzte, Anwälte), hohe Verwaltungsbeamte (Politik), Unternehmer (Industrie, Handel), Ingenieure – und zwar mit jeweils eigenen kulturellen Praktiken und Geschmacksrichtungen.[10] Während die Formel »Habitus × Kapital + Feld = Praxis«, die Bourdieu anbietet, darauf hinausläuft, daß das Feld nur der mit spezifischen Bedingungen einhergehende Spielort für klassenspezifisches Handeln ist, legt die Fraktionierung der herrschenden wie der beherrschten Klassen nach Berufsgruppen mit eigenem Habitus nahe, daß Habitusbildung selbst nicht feldunabhängig ist. Anders formuliert: Der Habitus einer Person bildet

10 Pierre Bourdieu, Die feinen Unterschiede. Kritik der gesellschaftlichen Urteilskraft, Frankfurt am Main 1997, 199 ff.

sich nicht nur schichtspezifisch, sondern auch in den Berufen und Organisationen. Auch sie sozialisieren, was wiederum in die Familien hineingetragen wird.

Im Grunde ist dieser Tatbestand mitgemeint, wenn davon gesprochen wird, die soziale Herkunft bestimme Persönlichkeitsmerkmale. Denn das kann mindestens zweierlei heißen: zum einen das Aufwachsen in gutgestellten Milieus, in denen im elaborierten und nicht im restringierten Code kommuniziert wird, die berühmten »Bücher« herumstehen, Argumente zugelassen sind, Reisen gemacht werden, Umgang mit Personal üblich ist und so weiter. Zum anderen kann es aber auch bedeuten, daß die Kinder von Ärzten einen Begriff vom Arztsein haben, so wie die Kinder von Gastwirten sich mit Gästen auskennen – und zwar unabhängig davon, ob es sich bei den Eltern um Chefärzte oder Landärzte, Hoteliers oder Kneipenbesitzer handelt.

Das führt zu einem letzten Punkt, der Frage danach, welche Art von Kritik eigentlich daran geübt werden soll, daß »Habitus« eventuell ein Kriterium für die Entscheidung über Karrieren, Bildungs- wie Berufskarrieren, darstellt. Handelt es sich um ein reines Machtphänomen, wenn sich unter den Gymnasiasten viele Akademikerkinder oder unter den Chefärzten viele Arztkinder und beidemal, je nach statistischer Erwartung, wenig Arbeiterkinder finden? Oder wenn die Vorstände von Dax-Unternehmen zumeist aus einem irgendwie definierten

Bürgertum stammen? Leisten sich ausgerechnet die Schulen, die Wirtschaft und andere auf Überbietungshandeln ausgerichtete Gesellschaftsbereiche hier eine Art irrationaler Verbeugung vor Ständen? Umgekehrt gefragt: Würde anders, nämlich habitusneutral rekrutiert, hätte das irgendeinen Einfluß auf die Art, wie Unternehmen geführt, Patienten behandelt, Studenten unterrichtet oder Gerichtsurteile gefällt werden? Ist eine Gesellschaft, in der Habitus eine Rolle spielt, nur ungerecht, oder lebt sie auch unterhalb ihrer Leistungsmöglichkeiten?

Der Fall Eliza Doolittles ist hier als Kontrastfall instruktiv. Denn er legt es nahe, zwischen legitimer und illegitimer Ungleichheit zu unterscheiden. Shaw sieht, wir hatten es schon notiert, für seine Heldin nur einen Aufstieg im Freizeitbereich der Gesellschaft und Schichtüberwindung für sie nur in Form des Zugangs zu Geselligkeitskreisen sowie Heirat vor. Daß ähnlicher Habitus oder ähnlicher Bildungshintergrund einander heiratet, ist aber bislang kaum unter dem Aspekt der Ungleichheit oder gar Ungerechtigkeit beanstandet worden. Man stellt es fest[11], erklärt es, würde aber selbstverständlich vor Quotierungen zurückschrecken. Eine gefühlte Pflicht, sich über Schichtgrenzen hinweg

11 Zuletzt Hans Peter Blossfeld, Jan Skopek und Florian Schulz, »Partnersuche im Internet. Bildungsspezifische Mechanismen bei der Wahl von Kontaktpartnern«, in: Kölner Zeitschrift für Soziologie und Sozialpsychologie 61 (2009), S. 183–210.

oder unter meritokratischen Gesichtspunkten zu verlieben, fehlt auch der modernen Gesellschaft.

Von der Aufstiegsentscheidung hingegen wird erwartet, daß sie herkunftsindifferent erfolgt. Lehrer sind nicht gehalten, den Familienhintergrund ihrer Schüler zu kennen, wenn er sich ihnen nicht im Unterricht aufdrängt. Der Habitus ist eine Form dieses Sichaufdrängens, mit allen Unschärfen und Vorurteilen – »Kevin ist kein Name, sondern eine Diagnose« –, die entsprechende Schlußfolgerungen mit sich führen.

Doch welche Informationen wären eigentlich adäquat, um Leistungsprognosen für eine Person abzugeben? Die Ökonomie der Arbeitsmärkte hat für diese Frage den Begriff des »Signals« ausgearbeitet. Er bezeichnet Informationen, die nicht als Sachinformation ausgewertet werden, sondern als Indiz für eine Leistungsfähigkeit, die nicht direkt kommunizierbar ist.[12] Man möchte wissen, ob aus dem Bewerber ein guter Mitarbeiter wird. Leider würde es wenig helfen, ihn zu fragen. Und testen, ob er es werden könnte, kann man ihn auch nicht, denn der einzig verläßliche Test setzt seine Einstellung

---

12 Hierzu Michael Spence, Job Market Signaling, in: Quarterly Journal of Economics 87 (1973), S. 355–374 und Andreas Dieckmann und Wojtek Przepiorka, Soziale Normen als Signale. Der Beitrag der Signaling-Theorie, in: Gert Albert, Steffen Sigmund (Hrsg.), Soziologische Theorie kontrovers, Kölner Zeitschrift für Soziologie und Sozialpsychologie, Sonderheft 50 (2010), S. 220–238.

schon voraus: der Praxistest. Also hält man sich an eine besondere Art von Auskünften, solche nämlich, die zwar nur indirekt mit dem eigentlichen Informationsbedarf zu tun haben, aber dafür schwer zu fälschen sind. Es ginge dann bei der Wertschätzung von manierlichem Auftreten, Bildung oder dynamischer Ausstrahlung gar nicht um die sachliche Bedeutung von Manieren, Goethekenntnissen oder Dynamik für Entscheidungsvorgänge in Konzernzentralen. Solche Merkmale würden vielmehr als Hinweise auf die nutzbaren Eigenschaften der Kandidaten interpretiert: ihre Bereitschaft etwa, sich Konventionen zu fügen, ihre Belastungsfähigkeit oder ihren Willen zu gefallen. Die von Michael Hartmann angesprochene musikalische Begabung mancher Manager könnte insofern ein Signal weniger für erwünschte kulturelle Herkunft als für die gezeigte Bereitschaft sein, Schwierigkeiten zu überwinden. Denn Musik teilt mit Mathematik oder Physik, daß es in ihrer Ausübung spürbare falsche Lösungen gibt und, anders etwa als in manchen Geisteswissenschaften, keine Ausreden für falsche Lösungen zur Verfügung stehen.

Der Habitus wäre dann allerdings gar nichts sehr anderes als die Schulzeugnisse, zu denen er oft mit dem Argument in Gegensatz gebracht wird, die Karrieren hingen nicht von den Abschlüssen, sondern von »der Chemie« ab. Denn auch die Schulnoten oder Hochschulzertifikate dokumentieren ja Leistungsfähigkeit in bezug auf Aufgaben, die mit denen in Unternehmen, Verwaltungen oder Parteien wenig gemeinsam haben. Daß die besten Hochschulabsolventen auch die steilsten Karrieren machen, ist ganz unwahrscheinlich, denn die Hochschule prüft ja nicht, was auch gar nicht geprüft werden kann: Durchsetzungsfähigkeit in Organisationen. Die wichtige Information, die ein gutes Zeugnis aus Yale oder von Sciences Po enthält, ist darum für Firmen oder Verwaltungen auch nicht, daß es sich beim Absolventen um ein As in politischer Wissenschaft oder Ökonomie handelt, sondern daß er kognitiv und motivational belastungsfähig ist, sich in einem kompetitiven Milieu behauptet hat und über Adressen verfügt.

Solche indirekten Signale für Leistungsfähigkeit sind dabei nur informativ, wenn es nicht leicht ist, sie zu produzieren, wenn sie also beispielsweise erlauben, zwischen Bewerbern um eine Stelle außerhalb der Situation zu unterscheiden, in der das Signal gesendet wird. Für manche Komponenten des Habitus möchte man hier gerne eine Warnung aussprechen. Griechischkenntnisse etwa signalisierten die Eignung für höhere Verwaltungskarrieren, weil der Zugang zum humanistischen Gymnasium eng und das Griechische schwer war. Wer heute erwähnt, das Latinum gemacht zu haben, trifft jedoch eventuell auf Mitglieder einer Generation, in der noch zwischen Kleinem und Großem Latinum unterschieden wurde, oder auf jemanden, der als Elternteil weiß, wie vergleichsweise inklusiv altsprachliche Gymnasien heute sind. Leistungsindifferent offene Bildungssysteme stehen also in der Gefahr, ausgerechnet die Informationen zu entwerten, die sie produzieren. Je mehr Leute beispielsweise Abitur machen oder studieren, weil es politisch erwünscht ist und als wertvollster Lebensentwurf dargestellt wird, desto stärker sehen sich nachfolgende Instanzen dazu gedrängt, andere Informationen heranzuziehen, um Personalentscheidungen zu fällen. Darunter mögen sich dann auch Informationen befinden, die auf Sozialisation in bestimmten Milieus hinweisen. Um hier zu einem klaren Urteil zu kommen, bräuchte man allerdings Daten, beispielsweise zum ökonomischen Erfolg von Firmen, die ihr Spitzenpersonal aus der Oberschicht rekrutieren, im Vergleich zu solchen, die egalitärer einstellen.

Der Begriff des Habitus, das kann man festhalten, führt eine ganze Reihe von theoretischen und empirischen Problemen mit sich. Das spricht nicht zu seinen Ungunsten, ganz im Gegenteil. Aber es spricht für Versuche, ihn zu entmystifizieren. Es wäre wünschenswert, wenn von ihm mehr als der Verdacht bliebe, es gehe beim Zugang zu Karrieren nicht mit rechten, also meritokratischen Dingen zu. Jeder kennt Beispiele für unverdienten Erfolg. Jeder kennt Beispiele für Vorurteile, mit denen bildungsarme Herkunft zu rechnen hat, bis zu den empörenden Schulempfehlungen, die mittelmäßigen Beamtenkindern die besseren Chancen prognostizieren als begabten Migrantenkindern. Jeder weiß auch, daß diesem Dünkel auf der Seite seiner Opfer bzw. ihrer Familien Verzagtheiten oder einfach nur geringere Aspirationen entsprechen.

Die Faszination, die demgegenüber von Eliza Doolittle ausgeht, ist nicht die ihres Aufstiegs, sondern ihrer Fähigkeit, vom eigenen Bildungsrückstand nicht auf weitergehende Mängel, sondern eben nur auf diesen einen zu schließen. Sie fetischisiert den Schulerfolg und seine Kopplung mit sozialem Aufstieg weder, noch schätzt sie ihn gering. Vor allem aber läßt George Bernard Shaw keinen Zweifel daran, daß es neben dem sprachlichen und schichtungsbedingten Habitus seiner Heldin auch einen gibt, der sich im Zuge ihres merkwürdigen Aufstiegs durchhält und dadurch beweist, schichtunabhängig zu sein, aber auch von kognitiven Verbesserungen gar nicht erreicht zu werden. Die eigenwillige Vorstellung, die klügsten Leute müßten, wenn es nur gerecht zuginge, in der gesellschaftlichen Hierarchie am höchsten steigen, steht quer zu dieser Romanze. Shaw erliegt der Faszination des Aufstiegs nicht, dessen Machbarkeit er postuliert.

Bologna und die Folgen

Universität, Prestige, Organisation

ENDE der fünfziger Jahre studierte der amerikanische Organisationssoziologe Charles Perrow, der später durch seine Forschungen über technologische Katastrophen berühmt werden sollte, im Rahmen seiner Doktorarbeit ein kleines Krankenhaus in Michigan.[1] Das Krankenhaus hatte sich damals gerade eine Public-Relations-Abteilung zugelegt und ihr einen relativ großen Handlungsspielraum eingeräumt. Dem lag die Überlegung zugrunde, daß Krankenhäuser wie alle Organisationen auf die Unterstützung ihrer Umwelt angewiesen sind. Wenn sich keine fähigen Mediziner um Stellen bewerben, kann man keine fähigen Mediziner einstellen. Fehlen gute Patienten, zahlungskräftige oder solche mit interessanten Krankheiten, nützen die fähigsten Mediziner nichts. Wohlwollen seitens der lokalen Politik ist auch willkommen. Und so weiter.

Das Problem für manche Organisationen ist nun allerdings, daß sie ihre eigentliche Leistungsfähigkeit nur schwer vermitteln können. Worauf erfolgreiche Therapien beruhen, ob die Ärzte den Stand

---

1 Charles Perrow, Organizational Prestige. Some Functions and Dysfunctions, in: American Journal of Sociology Vol. 66 (1961).

der Forschung kennen, wie gut das Krankenhaus organisiert ist und ob gescheiterte Behandlungen auf Grenzen der Medizin oder auf mangelhafte Professionalität zurückgehen, das alles ist für Laien schwer einsehbar. Wenn Autos gut fahren, kann man vermuten, daß sich das herumspricht. Was aber ist, wenn Qualität von außen nur schwer durchschaut werden kann? Was, wenn es sogar unsicher ist, ob Produktion und Erfolg miteinander einhergehen? Manche Patienten sterben eben doch, und wenn sich die Organisation noch so anstrengt.

Perrows These war, daß in einem solchen Fall der Versuch naheliegt, die Umwelt durch, wie er formuliert, »indirect indexes« zu beeindrucken, also durch den Aufbau von Prestige, das auf verständlichen, leicht kommunizierbaren Signalen beruht. Wenn die eigentlichen Leistungen der Klinik nicht verstehbar sind, dann kann man die Klienten immer noch durch andere Leistungen beeindrucken. Aus Sicht der Krankenbehandlung sind das zwar Leistungssurrogate, die aber den Vorteil haben, daß sie sehr viel eher unter Kontrolle zu bekommen sind als der Behandlungserfolg oder die Einsichtsfähigkeit der Klienten.

Der Ruf einer Klinik, so der Gedanke der PR-Abteilung, steigt, wenn sich die Patienten wohl fühlen. Darum konzentrierte sie sich auf die Hotelaspekte des Krankenhauses. Es wurde den Patienten erlaubt zu telefonieren, man installierte Fernsehgeräte an den Betten, Frisiersalons und Kioske wurden eingerichtet, auf Wunsch bekamen die Patienten jederzeit Kaffee und Tee gebracht, das Frühstück wurde verbessert. Außerdem schaffte man die festen Besuchszeiten ab, von den Ärzten hängte man im Eingangsbereich Fotografien auf, und es legte sich das Krankenhaus sogar ein kleines Medizin-Museum zu.

Dies alles kam dem Renommee des Hospitals gleich doppelt zugute. Denn viele dieser Maßnahmen hatten nicht nur den Vorzug, den Patienten und ihren Angehörigen zu gefallen. Sie stellten überdies für die lokale Presse Ereignisse dar. Die Installation der Fernsehgeräte, die Abschaffung der Besuchszeiten, das Museum usw. führten zu Berichten. Das galt auch für kostspieliges Diagnosegerät, das angeschafft und dem Publikum gezeigt wurde. Das Krankenhaus erhielt Preise, galt als das beste Klinikum der Region. Dies wiederum machte es für Ärzte als prominenten Arbeitsort bekannt, der Spielraum der Personalauswahl wurde größer, und die lokale Politik war mit alldem sehr zufrieden.

Aber. In der Organisation selber begann man allmählich, alle diese Errungenschaften, die das Prestige der Klinik erhöhten, mit gemischten Gefühlen zu betrachten. Immer mehr Ressourcen nämlich wanderten von den zentralen Aufgaben in die peripheren. Das Geld, das im Museum steckte, konnte man nicht mehr für Behandlungen oder Personal ausgeben, die Frisiersalons und Fernsehgeräte zogen eigene Verwaltungsstellen nach sich. Außerdem telefonierten die Patienten oder tranken Tee, wenn die Ärzte sie gerade behandeln wollten. Besucher waren erlaubterweise zu ganz ungünstigen Zeiten präsent. Die Ärzte wiederum wurden auf dem Gang ständig von Angehörigen angesprochen, die sie auf den Fotografien identifiziert hatten. Ihre Namen waren nun überdies der Presse bekannt, sie mußten abends mit Anrufen rechnen. Die typische Abneigung von Professionen gegen Publizität kam auf. Der eigentliche Grenzfall aber war erreicht, als die PR-Abteilung, aus ihrer Perspektive völlig nachvollziehbar, darauf hinwies, daß die Klinik sich das größte Prestige durch Human-Interest-Stories über Patienten und Ärzte sichern könnte. Von da an wurde der Einfluß des Prestigebüros wieder zurückgefahren.

Es liegt auf der Hand, weshalb dieser kleine Auszug aus Perrows organisationssoziologischer Feldforschung für die Soziologie der Universität einschlägig ist. Universitäten sind Organisationen, für die in noch höherem Maße gilt, daß sich ihre Leistungen der Beurteilung von Laien entziehen. Welcher Leser könnte beispielsweise sagen, was »wandnahe Mehrphasenströmungen« sind? Oder wozu man »Thetafunktionen auf Modulräumen von Vektorbündeln« braucht? Oder die Frage beantworten »Was kann das Affordanz-Konzept für eine Methodologie der Populärkulturforschung ›leisten‹?« Und wenn es einen Leser gibt, der sich da jeweils auskennt, so gewiß doch keinen, der alle drei Fragen beantworten könnte. Wissenschaftler sind auch darum ihr eigenes Publikum, sie wenden sich primär an ihresgleichen, Kritik an ihrer Kerntätigkeit von außen verbitten sie sich. Sie stehen nicht zur Wahl, verkaufen in der Regel nichts am Markt, pochen auf Selbstverwaltung und Selbstrekrutierung.

Zugleich hat die Universität einen immensen Bedarf an Außenunterstützung. Sie ist kostspielig, und sie verlangt von jungen Leuten, sich Jahre ihres Lebens an ihr aufzuhalten und hochspeziellen Orientierungen zu folgen, um am Ende mit einem Zertifikat entlassen zu werden, das die Anfangsvoraussetzung eines unbekannten Berufslebens sein soll. Die Forschung wiederum verlangt Ressourcen nicht nur für Erkenntnisse, die allein sie selbst beurteilen kann. Sie verlangt diese Ressourcen auch ganz offensiv für Einsichten, die nur innerhalb der Wissenschaft selbst verwendungsfähig sind und keinerlei technologischen Folgen haben, beispielsweise weil sie sich auf Sachverhalte beziehen, die sich nicht ändern lassen: Milchstraßen, ferne Epochen, Shakespeare, Gott oder die Juristenausbildung. Hie und da ergeben sich Nutzfernwirkungen solcher kognitiven Insichgeschäfte, die dann mit entsprechenden Fanfaren gefeiert werden, vom Teflon bis zu primzahlbedingten Verschlüsselungstechniken. Doch mittels der Unterscheidung von angewandter Forschung und Grundlagenforschung hält man sich unter Hinweis auf langfristige Zeithorizonte und darauf, daß man bestenfalls findet, was man nicht gesucht hat[2], Rückfragen nach den Investitionsplänen der Forschung und ihren Auszahlungserwartungen vom Leib.

Wie also, lautet die Frage, sichert sich eine solche Organisation, die einerseits immer spezialistischer und insofern für die meisten immer unverständlicher produziert und andererseits dafür immer mehr Geld benötigt, das Wohlwollen oder auch nur das Interesse ihrer Umwelt? Die naheliegende Antwort hält sich an das Publikum, das auch Wissenschaftler haben: die Studenten. Aufbau von Prestige würde dann, ganz analog zur Orientierung an den Patienten, bedeuten, daß sich die Studenten an der Universität wohl fühlen müssen. Das ist ersichtlich nicht der deutsche Weg, aber beispielsweise der amerikanische, den dort leistungsfähige Colleges und Universitäten beschreiten, indem sie auch Aspekte des Studiums kultivieren, die das Leben und die Sozialisation der Studenten als Elite betreffen. Das Renommee der Hochschulen entsteht über den Ruf, den sie bei denjenigen haben, die für Lehre an ihnen bezahlen oder mittels der Abschlüsse aufgrund jenes Rufes selber zahlungsfähig werden. Denn neben der Bildung wird auch das Prestige auf die Studenten transferiert. Die Finanzkrise seit 2008 hat diesen Prestige-Investitions-Kreislauf

2 Robert K. Merton und Elinor Barber, The Travels and Adventures of Serendipity. A Study in Sociological Semantics and the Sociology of Science, Princeton 2006.

empfindlich gestört, indem prestigebasierte Einkommenserwartungen von Studenten enttäuscht worden sind, die zur Aneignung des Prestiges Kredite aufgenommen hatten und von denen in dieser Lage viele fast natürlicherweise zu Mitgliedern der Occupy-Bewegung wurden.

Zu einer ganz anderen Antwort kommt man, wenn man versucht, das Prestige der Universitäten über Forschungsförderung zu erhöhen. Hierfür war in Deutschland zuletzt die Exzellenzinitiative mit ihrer weithin sichtbaren Verteilung erheblicher Finanzmittel im Rahmen eines Wettbewerbs einschlägig. Das erste nämlich, was einem soziologisch an ihr und der Epoche auffallen muß, der solche Förderung einleuchtet, ist die immense Erhöhung an Außenkommunikation, die in den vergangenen fünfzehn Jahren seitens der Universitäten betrieben wurde. Diese neue Mitteilsamkeit ist kein Effekt der Exzellenzinitiative, schon vorher hatte sich so gut wie jede deutsche Hochschule ein eigenes Magazin zugelegt – gewissermaßen Firmenzeitschriften –, das Pressewesen ausgedehnt, hatte an Initiativen wie »Public Understanding of Sciences and Humanities« teilgenommen, sich an »Wissenschaftsjahren« beteiligt usw. Die Rektoren und Präsidenten sind Unternehmenssprecher geworden. Diese neue Mitteilsamkeit ist dabei kein Privileg des Wissenschaftssystems, wenn man an all die Podien, Talk-Shows, Foren und Internetauftritte denkt, die inzwischen die Öffentlichkeit intensiv bearbeiten.

Insofern wäre es nur eine leichte Übertreibung zu sagen: Die Exzellenzinitiative ist ihrerseits ein Effekt jener neuen Mitteilsamkeit über die Grenzen von einander im Grunde schwer verständlichen Arbeitsbereichen hinweg. Von ihren Anfängen an war eine ihrer wichtigsten Aufgaben, die Universitäten als leistungsfähige Organisationen der Öffentlichkeit zu vermitteln. Von ihren Anfängen an waren sie und die Wissenschaftspolitik, für die sie ein Instrument darstellte, den Massenmedien zugewandt. Das begann von seiten der Politik, die das Spektakel der Versteigerung von UMTS-Lizenzen in eine prominente Zweckbindung der dabei erlösten Milliardenbeträge überführen wollte. Das setzte sich fort in dem heute schon wieder vergessenen Umstand, daß die SPD im Januar 2004 sich mit dem Gedanken einer »Spitzenuniversität« auch deshalb anfreunden konnte, weil das damals die Medienaufmerksamkeit vom Dreikönigstreffen der FDP ablenkte. Wir erinnern uns: Es war die Zeit, in der die Umfragewerte der Regierung Schröder kritisch wurden, zehn Wochen nach der Verkündigung des Projekts »Eliteuniversitäten« wurde Gerhard Schröder von Franz Müntefering als SPD-Vorsitzender abgelöst.

Doch das sind nur zeithistorische Fußnoten. Entscheidender ist der Wille, die Universitäten nicht nur mit Finanzmitteln auszustatten, sondern auch mit Prestige. Hierzu gehören die anfänglichen Erzählungen vom deutschen Harvard oder Stanford.

Sie sind dann zwar recht bald wieder verblaßt, weil es ja Leute gibt, die erzählen können, wie es in Harvard oder Stanford aussieht. Aber was von solchen Vergleichen geblieben ist, sind die internationalen Rangtabellen, die Universitäten inzwischen als informativ behandeln, obwohl jeder weiß und auch zugibt, daß sie es nicht sind. Das dabei verwendete Argument dokumentiert genau, was man der Abkürzung halber als Perrow-Effekt bezeichnen kann: Die zunehmende Akzeptanz von Gesichtspunkten, die nur der Außendarstellung dienen, intern aber bestenfalls Kostenfaktoren sind und schlimmstenfalls die Kommunikation verzerren. Und zwar Akzeptanz bei vollem Bewußtsein. Einer der häufigsten Sätze zu den Hochschulreformen der vergangenen Dekade lautet: Gewiß, es ist eigentlich unsinnig, aber es muß sein, es geht nicht anders.

Auch hier gilt, daß es Rankings natürlich schon vor der Exzellenzinitiative gegeben hat. Hochschulvergleiche sowieso. Rankings sind in Deutschland, nach einigen Vorläufern Mitte der achtziger Jahre, seit etwa zwanzig Jahren prominent. An der Exzellenzinitiative war jedoch von Beginn an bemerkenswert, daß sie das Tabellen-Bewußtsein – ähnlich übrigens wie das DFG-Förderranking – nach innen getragen hat. Der Wettbewerb um den Titel »Exzellenzuniversität« – also das Verfahren in der sogenannten dritten Förderlinie für »Zukunftskonzepte« – hatte genauso wie das Zählen der Exzellenzcluster und Graduiertenschulen von vornherein den Sinn, eine Konkurrenz um Plätze zu eröffnen.

Sport ist ein populäres Feld, und auch wer nichts von Wissenschaft oder Universitäten versteht, versteht doch, daß es Gründe dafür geben muß, daß München hier wie dort fast immer auf Platz eins steht, Dortmund aber nur dort und nicht hier. Die Probleme dieser Form von Außenorientierung liegen ebenso auf der Hand. Wie groß soll die Liga eigentlich sein? Muß es Absteiger geben? Muß es Aufsteiger geben? Und wer sind die eigentlichen Absteiger: solche, die den Zugang zur Ersten Liga nicht erlangt haben, oder solche, die einmal dabei waren und dann zurückgestuft wurden? Monetär wäre kurzfristige Teilhabe besser, als nie dabei gewesen zu sein, was das Prestige und die innerorganisatorischen Konflikte angeht, in der Perrow-Dimension also, scheint es umgekehrt zu sein.

Solche Fragen lassen sich jedenfalls herrlich diskutieren, auch in Medien, deren Personal nicht in der Lage wäre, auch nur einen einzigen Forschungsbeitrag eines beliebigen Exzellenzclusters kognitiv einzuordnen. Die Höhe der verausgabten Mittel dient in solchen Kontexten dann ebenfalls der Gesamtbeleuchtung des Verfahrens als außerordentlich. Zuletzt wurde eine Wissenschaftsministerin darum als die beste jemals in Deutschland amtierende bezeichnet, weil sie der Forschung zu viel Geld verholfen hat. Auch hier ist das Geld in erster Linie ein Symbol für Prestige und weniger das

Medium ökonomischer Rationalität. Schließlich existiert nicht einmal die Gegenrechnung, die beispielsweise den 2,7 Milliarden Euro der einstweilen letzten Vergaberunde eine Schätzung der Personenstunden gegenübergestellt hat, die in die 370 Anträge (Projektskizzen plus Vollanträge) eingegangen sind. Wenn man vorsichtig kalkuliert, dürfte man auf ungefähr 2,5 Millionen Arbeitsstunden allein für die Anträge kommen; das Geld selbst war ja aber für die Forschung vorgesehen. Was das an Perrow-Effekten, also an antragshalber entgangener Forschungs- und Lehrzeit sowie Verwaltung bedeutet, bleibt bislang ungeschätzt. Die Universität macht sich mithin als wichtige und dynamische Institution verständlich, indem sie von dem, was sie eigentlich macht, absieht und sich für eine Arena einrichtet, deren Abläufe auf ein ebenso interessiertes wie ahnungsloses Publikum zählen dürfen. Nur so kann man auch erklären, daß Selbstbeschreibungen wie »ambitioniert und agil« (Universität Bremen) oder »Die Universität der Synergien« (TU Dresden) zustandegekommen sind.

Demgegenüber ließe sich einwenden, daß der Exzellenzwettbewerb doch einfach nur die tatsächlich existierenden Qualitätsunterschiede der Forschung an deutschen Universitäten kommuniziert habe. Das zugeschriebene Prestige entspräche, so gesehen, tatsächlichen Forschungsleistungen. Es handelte sich dann nicht um Reklame, sondern um die Beurteilung der Produkte selbst.

Nun, es handelt sich um Anträge. Eine eigene Logik des Antragstellens hat sich etabliert, von der es gewagt wäre zu behaupten, daß sie die Logik der Forschung selber ist. Es muß beispielsweise mehr interdisziplinärer Zusammenhang dargestellt werden, als tatsächlich existiert. Dem »Gott und die Welt-Cluster« (Ulrich Herbert) entspricht oft gar keine Kooperation diesseits der Beutegemeinschaft. Modethemen und Welträtsel bilden die Überschriften. Zwar kann man sich hier verteidigen, das alles seien doch nur die populären Fassaden, hinter denen nach wie vor Erkenntnisgewinn stattfinde. Doch die Arbeit an den Fassaden zehrt an den Ressourcen, ebenso wie sie auf die Einstellungen der Fassadenbauer abfärbt: Irgendwann glauben sie tatsächlich, sie forschten interdisziplinär in Großgruppen an innovativsten Fragestellungen. Die Spezialisierung auf Mittelbeschaffung konkurriert mit der Weiterbildung der Akteure im Sachbereich. Die Rücksicht auf Trends und das, was Gutachter repräsentieren, verstärkt sich. Der Wettbewerb schafft seine eigene Wirklichkeit, indem nicht einfach verglichen wird, was an Forschung vorliegt, sondern Forschung erwartungskonform und in Antizipation der zu liefernden Kennziffern (Promovendenzahl, Drittmittelhöhe, Publikationsfrequenz etc.) entworfen wird.[3]

---

3 Wendy Nelson Espeland und Michael Sauder, Rankings and Reactivity: How Public Measures Recreate Social Worlds, in: American Journal of Sociology, Vol. 113 (2007).

Ein anderer Einwand konzediert die »indirect indexes«, fragt aber, ob nicht der Vergleich von Hochschulen untereinander auch intern eine sinnvolle Sache sei, genauso wie das »bench-marking«, das in den Rangtabellen nur einen um der Popularisierung willen stark verkürzten Ausdruck findet, operativ aber den Hochschulen viel Erkenntnis über sich selbst bringt? Zu dieser Frage gehört eine andere oft gehörte Wendung, die, gewissermaßen mit einem Seufzer der Anstrengung verbunden, auch von vielen derjenigen zu hören ist, denen keine Ausschüttungen zuteil wurden: Es sei ein Ruck durch ihre Hochschule gegangen, Leute, die sich zuvor nichts zu sagen hatten, seien durch den Zwang, die Hochschule nach außen darzustellen und für den Wettbewerb einzurichten, erstmals miteinander ins Gespräch gekommen.

Darin meldet sich ein tatsächliches Problem der Universität als Organisation. Denn der Grund dafür, daß viele deutsche Universitäten erst seit dem Bologna-Prozeß und der Exzellenzinitiative wieder darüber nachgedacht haben, was sie sind und sein wollen, lag nicht nur im zuvor herrschenden Desinteresse der Organisationsmitglieder aneinander. Er liegt vermutlich vielmehr in einer organisationssoziologischen Besonderheit der Universität, auf die Peter M. Blau hingewiesen hat.[4] Viele intern

4 Peter M. Blau, The Organization of Academic Work, New York 1973.

stark arbeitsteilige Organisationen können nämlich die Frage danach, was sie denn integriert, trivial beantworten: Die Arbeitsteilung ist die Integration. Denn da die einzelnen Tätigkeiten oder Abteilungen stark interdependent sind, insofern als die Kurbelwellen irgendwie ins Gehäuse passen müssen, ergibt sich der Abstimmungsbedarf zwischen denen, die das eine, und denen, die das andere machen, von selbst. Es bedarf nur einer Instanz, die diesen Bedarf beobachtet und durchsetzt.

Die von Blau festgehaltene Besonderheit der Universität ist demgegenüber, daß ihre wissenschaftlichen Spezialproduktionen eben nicht interdependent sind und es jedenfalls nicht innerhalb der Universität sind. Es hängen die Erkenntnisse des einen Toxikologen von denen anderer Toxikologen ab, aber das tun sie nur ganz zufälligerweise und eher selten an derselben Universität, sondern viel eher in überlokalen Netzwerken (»epistemic communities«). Im Gegenteil besteht sogar eine gewisse Wahrscheinlichkeit dafür, daß zwei Shakespeareforscher, die zufälligerweise an derselben Universität tätig sind, dafür sorgen werden, daß sie nicht interdependent arbeiten.

Das bedeutet, allgemeiner formuliert, daß die Forschung selbst zumeist gar keinen Beitrag zur Integration der Universität leistet, sondern nur einen zur Perfektionierung ihrer Teile. Die klassische Pathosformel dafür war »Einsamkeit und Freiheit«, was diesseits der Humboldtmelodien einen soziologischen Sinn in der Beschreibung von Prozessen behält, die sich weitgehend gleichgültig zu den Organisationsgrenzen der Hochschulen verhalten. Es ist also kein Zufall, daß man, wenn man die Universität von der Forschungsseite aus betrachtet, ihre Identität gar nicht sieht. Insofern ist es aber auch eine vergebliche Anstrengung, primär und fast ausschließlich über die Pflege der Forschungsdimension die Identität – oder wie es inzwischen heißt: »das Profil« – von Universitäten entwickeln zu wollen.

Bleibt die Frage, ob es überhaupt möglich ist. Peter M. Blau hat sie bejaht. Integriert, so lautete seine These, sind die Universitäten nicht über Forschung, sondern über Lehre, insbesondere im Bereich der »undergraduates«. Dort, im Bereich der ersten Studienjahre, müssen die Spezialisten nämlich eben doch kooperieren, von ihrem Spezialistentum absehen und entscheiden, was es heißen soll, an der jeweiligen Universität unterrichtet worden zu sein und dabei dieses oder jenes Fach studiert zu haben. Die bemühte Ergänzung des Exzellenzwettbewerbs um kleine Zusatzprogramme für gute Lehre dokumentiert die Unkenntnis der Wissenschaftspolitik davon. Denn es ist gute, d.h. anspruchsvolle Lehre nicht »auch wichtig«, sondern aus strukturellen Gründen die notwendige Bedingung für all das, was man sich unter universitärer Exzellenz überhaupt vorstellen mag.

Soziologische Studien zur amerikanischen Universität berichten, daß es auch im dortigen System, das dem Primat der Lehre an vielen Hochschulen und Colleges Rechnung trägt, Anzeichen für eine Aushöhlung der Leistungsfähigkeit gibt.[5] Studenten und Professoren schlössen, heißt es, immer öfter einen »disengagement compact«, dessen Inhalt in der Übereinkunft über eine beiderseitige Präferenz für physische und geistige Abwesenheit bestehe. Wenn du mich in Ruhe läßt, lasse ich dich in Ruhe.[6] Den Studenten würden gute Abschlüsse für mäßige Leistungen versprochen, was die bekannte Noteninflation nach sich zieht, worauf sie im Gegenzug nicht auf intensiver Betreuung und aufwendiger Lehre bestünden. Dieses Problem wird durch forcierte Forschungs- und Drittmittelorientierung erkennbar verschärft, weil sie Anreize zur Indifferenz gegenüber der universitären Kernaufgabe setzt, ja sie fast erzwingt, wenn man den Zeitbedarf für Anträge, Tagungsbesuche, also Netzwerkpflege, und Publikationen in Rechnung stellt.

Es ist die Mißachtung solcher Probleme, die einer Wissenschaftspolitik, die sich in erster Linie als Forschungspolitik versteht, vorgeworfen werden kann. Wobei unter »Wissenschaftspolitik« aller-

5 Richard Arum und Josipa Roksa, Academically Adrift. Limited Learning on College Campuses, Chicago 2011.

6 Vgl. zur Logik wechselseitiger Minderleistungsversprechen die durch italienische Universitäten angeregten Überlegungen von Diego Gambetta und Gloria Oggi, The LL-game. The curious preference for low quality and its norms, in: Politics, Philosophy and Economics Vol. 12 (2013).

dings nicht nur Ministerien verstanden werden sollten. Auch die Funktionäre der Universitäten selbst sowie die Mitglieder ihrer Selbstverwaltung agieren zumeist soziologisch blind, was ihre eigene Organisation angeht. Die Neigung, dem Prestigewettbewerb die Alltagsaufgaben unterzuordnen, die mitunter beispielsweise so weit geht, daß man ganze Universitäten mit ihren Exzellenzclustern identifiziert, ist dabei ein erstaunlicher Fall von mangelnder Intelligenz in Organisationen, die eigentlich ihrer Kultivierung dienen.

Die wollen doch nur spielen: Vom Rückzug des Streits aus den Wissenschaften

WISSENSCHAFTLICHE Kontroversen sind ein gut untersuchtes Merkmal moderner Forschung. Von den höfisch-theologischen Konflikten Galileis und den Polemiken zwischen Newton, Leibniz und Hooke bis zum »Nibelungenstreit« in der deutschen Germanistik, den linguistischen Debatten über die Frage, ob Flaubert Französisch beherrschte, oder dem Grundlagenstreit der Mathematik zwischen Brouwer und Hilbert liegt eine ganze Reihe historischer Studien zu disziplinär prägenden Auseinandersetzungen vor. Unter dem Titel »Great Feuds. Ten of the liveliest disputes ever« existiert sogar eine kleine populärwissenschaftliche Serie mit Konfliktgeschichten, die von »Wallis versus Hobbes« und »Harvey versus Primrose« über »Kronecker versus Cantor« und »Wegener versus Everybody« bis hin zu »Gallo versus Montagnier« reicht.[1]

---

1 Hal Hellman, Great Feuds. Ten of the liveliest disputes ever (in Science, in Medicine, in Mathematics), Hoboken N.J., 1999/2001/2006.

Man sieht: Konflikte sind unterhaltsam, was aber nicht heißt, daß sie um ihres Spannungswertes willen und einzig für die gebildete Öffentlichkeit geführt werden. Schon jene kurze Aufzählung zeigt, wie verschieden die Motive wissenschaftlichen Streits sein können: Dissens kann über die Priorität von Erkenntnissen entstehen, sich also aus der normalen Konkurrenz der Forscher ergeben; er kann über die Existenz von Funden und Befunden entstehen, über die Zulässigkeit von Interpretationen, über »Ansätze« oder über Teilchen und Wellen und Strings, also über Hypothesen.

Streit meint dabei stets erkennbar mehr als nur Negation, wie sie in der Wissenschaft ständig vorkommt, indem ein Befund Widerspruch hervorruft, ein Konzept abgelehnt oder ein Beitrag einfach nicht berücksichtigt wird. Zum Streit wird Negation erst, wenn sie (1) erwidert wird und auch die Erwiderung nicht das letzte Wort bleibt, sondern sich ein lang andauerndes Hin und Her von Einreden ergibt, wenn sie (2) größere Zusammenhänge betrifft, im Extremfall die Legitimität einer ganzen Argumentation, einer Schule oder eines Denkmusters und wenn sie (3) auch Außenstehenden nahelegt, Position zu beziehen und Partei zu werden. Ein Sonderfall dieses letzteren Merkmals ist die erwähnte Fähigkeit mancher wissenschaftlicher Kontroversen, sogar im nichtwissenschaftlichen Publikum Parteinahme zu organisieren. Es debattieren dann auf der Grundlage populärer Darstellungen auch interessierte Laien darüber, was von der Bell-Kurve, von Ernst Noltes Faschismusdeutung oder von der Klima-Skepsis zu halten ist.

Anhand jener Kriterien für Streit lassen sich einige Umstände identifizieren, die günstig für wissenschaftliche Kontroversen sind. So wird Streit wahrscheinlicher, wenn die Beteiligten nicht voneinander abhängig sind und ihr Engagement in der Rolle als Gegner nicht gebremst wird durch andere Rollenpflichten. Ein Wissenschaftssystem, das aus regional stabil abgegrenzten Segmenten besteht, ermöglicht beispielsweise Streit über diese Grenzen – beispielsweise Nationengrenzen – hinweg, ohne daß die Streithammel damit rechnen müßten, dem Widersacher außerhalb des Streits zu begegnen. Leicht entstehen so auch Konflikte über Disziplinengrenzen hinweg, weil beispielsweise Hirnforscher, die philosophische Bewußtseinstheorien angreifen, keinerlei »Disziplinierung« durch die attackierten Forschungstraditionen unterliegen – und umgekehrt.

Eine andere Differenzierungsform, die Streit begünstigt, ist die von Zentrum und Peripherie.

Teils mag dabei der Streit eine Abwehrreaktion des Zentrums, teils ein kalkulierter Angriff aus der Peripherie sein. Die Attacke, die 1965 Raymond Picard vom Französisch-Lehrstuhl der Sorbonne aus gegen die »Nouvelle Critique« und namentlich Roland Barthes ritt, und die Replik von Barthes sind ein Beispiel für einen solchen Kampf ums Zentrum. Wenn es so etwas wie ein disziplinäres Zentrum, eine Orthodoxie gibt, kann es sich nämlich besonders lohnen, mehr als eine Teilnegation zu wagen, weil ein Generalangriff im Zentrum selber, das mehr ist als eine Addition von Teilwahrheiten, einen dankbaren Gegenstand besitzt. Jede Form von klarer Ressourcenverteilung regt zu Konflikten an, denn wenn die Ressourcenverteilung klar ist, sind auch die denkbaren Erträge von Angriffen klar.

Der Existenz wissenschaftlicher Schule korrespondiert häufig eine solche Ressourcenverteilung. Ihre Hochzeit hatte die Schulbildung im 19. und frühen 20. Jahrhundert, als den prospektiven Schülern seitens ihrer Schuloberhäupter verläßliche Karrieren angeboten werden konnten. Entsprechend traten viele Schulen konfliktfreudig auf, was sich auch dann noch durchhält, wenn Schulbildung nur mehr punktuell erfolgt, etwa in Selbstbezeichnungen wie »Kritische Theorie« – im Unterschied zu allen anderen Theorien, die dann von vornherein als unkritisch angesprochen werden. Da ist dann Positivismusstreit oder Diskussion über die Sozialtechnologie geradezu zwangsläufig, sogar wenn sich auf der Gegenseite gar niemand von solchen Bezeichnungen angesprochen fühlt.

Schulbildung ist schließlich auch deshalb polemophil, weil ihr oft Entwürfe zur Integration ganzer Disziplinen zugrunde liegen. Die »Chicago School of Economics« beispielsweise hat für jeden Teilbereich der Wirtschaftswissenschaften (Finanzen,

Industrie, Wachstum, Geld, Recht, Marktstruktur etc.) ein eigenes Forschungsprogramm ausgebildet, die »Konstanzer Schule« der Literaturwissenschaft für jede Epoche, jede Gattung, jede nationale Literaturtradition ihre Ansprüche erhoben. Dieser Wille zu einem einheitlichen, durchsystematisierten Argumentationsstil und zu ausgreifender Themenwahl gruppiert naturgemäß Gegnerschaften.

Geht man die erwähnten Merkmale, die wissenschaftliche Konflikte begünstigen, daraufhin durch, ob sie heute vorliegen, ergibt sich im Blick auf die Geistes- und Sozialwissenschaften ein gemischtes Bild.

Die Schulenbildung ist rückläufig. Bei den sogenannten Paradigmen, die stattdessen wie Pilze – nämlich massenhaft, auf Licht nicht angewiesen und unbeweglich – aus dem Boden schießen, handelt es sich um ein anderes Muster. In den Geistes- und Sozialwissenschaften jedenfalls, aus denen die nun folgenden Beispiele stammen, dienen sie eher der Konfliktvermeidung. Wer in existierenden Zeitschriften eine Minderheitenposition einnimmt, gründet lieber eigene, anstatt sich in Polemik zu üben. Schulen suchen Dominanz über zentrale Publikationsorte, Paradigmen führen ihrem Selbstverständnis nach dazu, daß sich die Vorstellung eines zentralen Publikationsortes auflöst. Schulen wollen Recht haben, Paradigmen wollen ihre Ruhe haben. Konflikt lohnt sich für sie nicht, denn wie sollte man sich denn überhaupt mit den Fremden verständigen können? Der von Mary Douglas konstatierte »Bongo-Bongoismus« der Ethnologen – »das mag für deinen Stamm gelten, aber für meine Bongo-Bongo gilt es nicht« – ist fachübergreifend verbreitet. Ein Fall wie der des Soziologen Hartmut Esser, der sich in jedem seiner theoretischen Texte mit dem Nachweis der Irrigkeit von Systemtheorie abmüht, ist im Zeitalter der paradigmatischen Indifferenz, in dem wir leben, nachgerade rührend – dokumentiert aber auch keinen Konflikt, weil die Gegendarstellungen ausbleiben.

Was typisch ist: An Negationen aus den Paradigmen heraus mangelt es nicht. Neohegelianer lehnen Poststrukturalisten ab, Präsenzhermeneuten Begriffsgeschichtler, Sozialhistoriker Kulturhistoriker, Gläubige des Bourdieu Gläubige des Boudon und Philologen Körpersäftegermanisten. Es gibt mitunter sogar eigene Organe zur Pflege solcher Negationen, das berühmte »Rechtshistorische Journal« mit seiner Halsgerichtsbarkeit war eine solche Zeitschrift. Doch die Ablehnung verdichtet sich, zumindest außerhalb von Paris, nur in seltenen Fällen zur gemeinsamen Beteiligung an Kontroversen.

Das liegt vermutlich weniger an der abnehmenden Negationslust; in gewisser Hinsicht ist Indifferenz ja sogar brutaler als Streit. Was verblaßt, scheint vielmehr die Vorstellung von einer Instanz, vor der Konflikte ausgetragen werden könnten und müßten. Innerwissenschaftlich sorgt *Spezialisierung* dafür, daß die Negationen nicht Konfliktstärke erreichen, und *Paradigmatisierung* sorgt dafür, daß grundsätzlicher Dissens gewissermaßen durch Segmentbildung befriedet wird.

Dem folgt der Negationsstil. In den Fußnoten nehmen Wendungen wie »irrig Halmackenreuther 1999« oder »völlig argumentfrei Klein 2010« deutlich ab. Man rechnet offenbar nicht mit Dritten, deren Zustimmung gewonnen werden müßte oder könnte. Der oft beobachtete Mangel an Standards und artikuliertem Bewußtsein von Standards in den Geisteswissenschaften zeigt hier neben seinen sachlichen Folgen auch eine soziale. Als Durchschnittsleser werden kognitive Landsleute unterstellt. Man rechnet, mit anderen Worten, nicht mit viel intellektueller Gemeinsamkeit diesseits des Streits. Als irgend jemand einmal notierte, daß so entgegengesetzt denkende Köpfe wie Adorno, Gehlen, Schelsky und René König sich doch über den Idealismus von Fichte hätten vergleichsweise einfach verständigen können, berührte das diesen Punkt: Konflikt lebt von Konsens.

Und er lebt davon, daß den Publikationen überhaupt diskursive Bedeutung zugemessen wird. Das Gros der Aufsätze in den Geisteswissenschaften aber wird realistischerweise gar nicht geschrieben, um gelesen zu werden, sondern um geschrieben worden zu sein. Sein Zielort ist nicht der Schreibtisch des anderen Forschers, sondern die eigene Publikationsliste. Das greift sogar auf die wissenschaftliche

Interaktion über, wenn bei den Jahrestagungen fast aller Fachgesellschaften so viele Beiträge zugelassen werden, daß kaum ein einziger noch diskutiert werden kann. Niemand verspricht sich mehr viel von Einreden.

Eine andere als die intellektuelle Gemeinsamkeit wird hingegen stark berücksichtigt: die des wechselseitigen Angewiesenseins auf Wohlwollen bei Entscheidungen über Ressourcen. Je weniger Disziplinen von einigen wenigen zentralen Orten aus dominiert werden, desto unwahrscheinlicher wird scharfes Auftreten. Gruppenforschung und Gutachterwesen sorgen ebenfalls für einen maßvollen Umgang miteinander. Man lebt tauschförmig. Das nach wie vor gängige Urteil, bei den anderen handele es sich um »Knödelhirne« (Graf Chojnicki), verbleibt dann im engeren Kreis der informellen Kommunikation. Die Wissenschaftler begegnen einander ständig in anderen Rollen und nehmen Rücksicht darauf. Und weil sie das wissen, wissen sie auch, daß Unterstützung durch Dritte in forcierten Konflikten nicht leicht zu bekommen ist.

Ein Indiz dafür ist schließlich auch, daß zwar Paradigmen über Fächergrenzen hinweg ex- und importiert werden, aber nicht zwangsläufig auch ihre Konflikte. Die Debatten über Soziobiologie etwa werden in Fächern nicht nachgeholt, in denen Modelle der Verhaltensforschung oder Anregungen der Evolutionstheorie inzwischen zur Deutung ästhetischer Produktion eingesetzt werden. Man knüpft nicht an den Stand einer Debatte an, sondern an den Modellwert eines »Ansatzes«. Oder ein anderes Beispiel: Wenn sich – weil es ja von allem eine Bindestrich-Germanistik gibt – auch eine Luhmann-Germanistik und schon länger eine Kritische-Theorie-Germanistik etabliert haben, gibt es trotzdem keinen Luhmann-Habermas-Streit in der Germanistik, die jeweiligen Beiträge werden nicht einmal polemisch verfaßt. Mit anderen Worten: Wenn Theorien nicht mehr als Theorien, sondern als Paradigmen verarbeitet werden, wird nicht mitrezipiert, was sie ausschließen, sondern nur noch, was sie ermöglichen: alles noch einmal »mit« dem Helden des Paradigmas (also »mit Luhmann«, »mit Butler«, »mit Agamben« etc.) zu lesen. In zerstörerischer Absicht zu forschen, wie es Gaston Bachelard einst als Erkennungsmerkmal von Wissenschaft bezeichnete, »gegen« vorhandene Theorien zu lesen, weil sie Irrtümer repräsentieren, ist nicht en vogue. Es werden gewissermaßen das Dagegensein – denn natürlich hält man nicht viel voneinander – und das Zusammensein kombiniert. Wenn noch gestritten wird, dann vor dem allgemeinen Publikum und ohne Erkenntnisabsichten, wofür Konfliktparodien wie der Historikerstreit oder, fast unüberbietbar, die Rauferei »Honneth und alle anderen Frankfurter gegen Peter Sloterdijk« hinreichend illustrativ sind.

Hochschule als Unternehmen

Universitäten sind Organisationen. Der Begriff der Organisation setzt voraus, daß die durch ihn bezeichneten Gebilde – Firmen, Gerichte, Radiosender, Kirchen, die Mafia, Kindergärten, Schiffe – neben vielem, was sie offenkundig trennt, auch entscheidende Gemeinsamkeiten besitzen. Worin diese Gemeinsamkeiten bestehen, ist einerseits Gegenstand der Organisationsforschung und entsprechend umstritten. Denn mal wird auf Mitgliedschaftsrollen abgestellt, mal auf bindendes Entscheiden in Weisungshierarchien, mal auch auf die Dualität formaler und informaler Strukturen oder auf besondere Merkmale von Organisationen im Vergleich mit Märkten und mit Netzwerken.[1]

Andererseits führt der Eindruck wesentlicher gemeinsamer Eigenschaften von Organisationen dazu, daß sich diese vorstellen können, voneinander zu lernen und Erfolgsmodelle des Entscheidens und der internen Strukturbildung zu adaptieren. Das kann bis zur Vorstellung führen, auf einem bestimmten Gebiet habe sich die Idealform einer Or-

---

1 Einen neueren Überblick gibt Giuseppe Bonazzi, Geschichte des organisatorischen Denkens (hrsg. von Veronika Tacke), Wiesbaden 2008.

ganisation entwickelt, die auch für Organisationen auf allen anderen Gebieten maßgebend ist. Lange mochten so Großfamilien (»Häuser«) durch ihr patriarchalisches Design und ihren hohen Grad an Selbstversorgung vorbildlich erscheinen, Armeen durch ihre auch in Krisen stabil erscheinenden Befehlsketten, die katholische Kirche als Inbild rechtsförmigen Umgangs mit Unsichtbarem, staatliche Verwaltungen durch ihre Konditionalprogrammierung (»wenn A, dann stets B«) oder Vereine mit ihrer Motivation aller Mitglieder durch den Organisationszweck.

Gegenwärtig wird Organisationen der Wirtschaft eine besondere Vorbildlichkeit für alle anderen zugeschrieben. Firmen erscheinen als rationale Gebilde, effizient, rechnungslegungsfähig, reagibel, was Bedürfnisse ihrer Umwelt angeht, lernbereit also und entscheidungsfreudig. Solche den Unternehmen zugeschriebenen Eigenschaften haben folgerichtig auch dazu geführt, daß vielen Hochschulreformern hierzulande das sogenannte Leitbild der unternehmerischen Universität einleuchtet.[2] Denn sie kontrastieren mit dem Eindruck, den

2 Die Wortprägung selbst ist stark von Burton R. Clark, Creating Entrepreneurial Universities: Organizational Pathways of Transformation, Oxford 1998, beeinflußt worden. Für eine Rekonstruktion des Vokabulars vgl. Gerlinde Mautner, The Entrepreneurial University: A Discursive Profile of a Higher Education Buzzword, in: Critical Discourse Studies 2 (2), 2005, S. 1–26.

die deutschen Universitäten seit längerem machten: bürokratisiert, von Gesetzen und Rechtsverordnungen am eigenständigen Entscheiden gehindert, intern durch die Blockademacht ihres Personals kaum steuerungsfähig, indifferent gegenüber Bedürfnissen ihrer Umwelt sowie keinerlei Wettbewerb ausgesetzt und darum als Gesamtsystem überaus variantenarm.

Aber was soll das sein, die unternehmerische Universität? Was soll es empirisch und gewissermaßen diesseits eines Broschürentextes sein?[3] Daß es ökonomische Aspekte dessen gibt, was an Universitäten stattfindet, liegt auf der Hand. Doch allein aus der Tatsache, daß irgendwo Zahlungsströme fließen, Knappheiten zu berücksichtigen sind und etwas produziert wird, auf die Vorbildlichkeit wirtschaftlicher Organisationsformen zu schließen, ist nicht plausibel.

Es gibt mindestens vier Gründe für eine solche Reserve: Hochschulen, die profitorientiert arbeiten und sich durch Kredite und anderes Fremdkapital finanzieren, das zu Renditeansprüchen führt, sind weltweit nach wie vor die Ausnahme. Das typische Merkmal von Organisationen im Wirtschaftssystem, über ihr Fortbestehen selbst entscheiden zu kön-

---

3 Man kann sich den Titel offenbar sogar schützen lassen. Vgl. das eingetragene Markenzeichen »Die unternehmerische Universität« des »Management Center Innsbruck«, einer Ausgründung der dortigen Universität.

nen[4], ist bei so gut wie allen Universitäten, die jetzt »unternehmerisch« werden sollen oder es angeblich schon sind, ebenfalls nicht gegeben. Dasselbe gilt für Programm- und Produktwechsel, die sich aus veränderten Marktlagen heraus ergeben und etwa dem legendären Wechsel der Firma Nokia von Papier und Gummistiefeln zu Mobiltelefonen entsprechen würden. Könnte man sich analog vorstellen, daß sich amerikanische Universitäten aus Gründen innerbetrieblicher Effizienz ganz in Football- oder Basketball-Teams verwandeln? Eventuell mit dem Argument, auch dabei handele es sich um die Produktion von Humankapital?[5] Soziologisch betrachtet ist schließlich noch ein weiterer Unterschied zwischen Wirtschaftsunternehmen und Universitäten auffällig. Während die Zahlungsfähigkeit der Kunden für Firmen eine reine Konkurrenzgröße darstellt, bei der die eine Firma verliert, was die andere gewinnt, gilt das zwischen Universitäten weder für die Forschung, die an ihnen stattfindet, noch für die Lehre. Man hat in Heidelberg etwas davon, wenn in Jena, Zürich und Princeton erfolgreich geforscht und gelehrt wird, auch wenn

---

4 Niklas Luhmann, Organisationen im Wirtschaftssystem, in: ders., Soziologische Aufklärung 3, Opladen 1981, S. 390–414.

5 Vgl. für Beschreibungen disbalancierter Verhältnisse zwischen Universitätssport und den offiziellen Organisationsaufgaben Derek Bok, Universities in the Marketplace: The Commercialization of Higher Education, Princeton 2003, S. 35–56 und S. 122–138.

es sich, beispielsweise beim Erkenntnisgewinn, um Erfolge handelt, die man in Heidelberg selber gern erzielt hätte.

Dient die Rede von der unternehmerischen Universität also vor allem der Parfümierung von ansonsten nach wie vor und zwar notwendigerweise in ihrer Binnenlogik nichtwirtschaftlichen Organisationen?[6] Oder ist »unternehmerisch« nur ein anderer Ausdruck für »leistungsbereit«, etwa in Mitteilungen wie dieser: »Eine unternehmerische Universität ist nicht hinter wirtschaftlichem Erfolg her. Sie verfolgt das Unternehmensziel der Wissenschaftlichkeit, aus dem sich die ganze Agenda ableitet: Lehre, Forschung, akademische Schulenbildung, Fort- und Weiterbildung. Dieses Ziel läßt sich in ständiger inhaltlicher Erneuerung aber nur erreichen, wenn auch Klarheit über Aufwand, Kosten und Leistung besteht. Ein guter Unternehmer meistert Mißerfolge und Durststrecken. Er handelt nicht willkürlich, sondern orientiert am Unternehmensziel«, wenn überdies ergänzt wird, »daß erfolgreiche Professoren und erfolgreiche Unternehmer viele Charakterzüge gemeinsam haben: Sie setzen auf Risiko (in der Forschung bzw. im Ge-

---

6 »Nichtwirtschaftlich« hier im Gegensatz zu »unwirtschaftlich« und »Binnenlogik« in Unterscheidung von Außenkontakten – denn es spricht selbstverständlich weder etwas gegen Kooperationen zwischen Hochschulen und Unternehmen noch gegen wissenschaftliche Technologieproduktion noch gegen »Ausgründungen« auf der Grundlage von Forschungserkenntnissen.

schäft) und arbeiten mit dem Wettbewerb, sie setzen auf Alleinstellung und hohe Wertschöpfung, sie fördern ein gutes Unternehmensklima und kümmern sich um ihre Leute, und sie laufen um die halbe Welt, um ihre Ideen zu realisieren.«[7] Für solche Kennzeichnungen kämen aber auch andere Attribute in Betracht: die sportliche, die nachhaltige oder die kreative Universität, mit entsprechender Rhetorikabschöpfung aus den betreffenden Bezirken.

Die Frage ist jetzt, ob der Begriff »unternehmerische Universität« also nur im Sinne einer Kultur von Universitätsverwaltungen aufzufassen wäre, die sich in ihren Selbstbeschreibungen einem weltweit diffundierenden Vokabular anschließen, das weitgehend unabhängig von Strukturbefunden bleibt, die man an Hochschulen machen kann.[8] Man könnte dann auch von einer neuen Form von Wirtschaftsethik sprechen, bei der nicht Ethik durch Appelle Ökonomie disziplinieren soll, sondern Ökonomie durch Appelle alles andere.

---

7 Technische Universität München (Hrsg.), Unternehmen Universität – Universität unternehmen. Deutschland im Paradigmenwechsel des Hochschulsystems, München 2005, 7.

8 Etwa im Sinne der sogenannten neoinstitutionalistischen Theorie John W. Meyers, wonach die Existenz von Nachtbuslinien, in denen nie ein Fahrgast angetroffen wird, nicht als funktionaler, sondern als ritueller Bestandteil der Moderne interpretiert werden muß. Vgl. ders., Organizational environments: Ritual and Rationality, Newbury Park, CA 1992.

Demgegenüber gibt es seit zehn Jahren ganz konkrete Strukturreformen an den Universitäten, die auf den ersten Blick die Hochschulen zu mehr unternehmerischem Handeln zu befähigen scheinen. Die Rektorate wurden gesetzgeberisch gestärkt, um wie Firmenvorstände handeln zu können. Die Einführung von Hochschul(aufsichts)räten löste vielerorts die Staatsaufsicht von weiten Bereichen des universitären Entscheidens ab. Die kameralistische Buchführung wird zunehmend von wirtschaftsüblichen Techniken interner Rechnungslegung ersetzt. Globalhaushalte sollen die Freiheit zu universitätsinterner Allokation erhöhen. Alle Arten von Evaluation, Akkreditierung, Bibliometrie kommen zum Einsatz, um interne Qualitätskontrolle zu garantieren. Gehaltskomponenten wurden im Rahmen einer neuen Besoldungsordnung flexibel und damit, wie es heißt, »leistungsabhängig« gemacht. Auch die Grundfinanzierung der Universitäten selber ist zugunsten der Projektfinanzierung rückläufig, was Wettbewerbsverhalten zur Normalform des Forschens machen soll.

Diese Liste ließe sich leicht verlängern. Zieht man aus ihren Einträgen die wichtigsten Punkte heraus, so lauten sie: (1) Die Universität wird als Dienstleistungsbetrieb mit eigenen von korporativer Selbstverwaltung nicht mehr zu bewältigenden Managementaufgaben betrachtet. Sie soll ein Unternehmen nicht im Unterschied zu einer Bürokratie sein, sondern im Unterschied zu einer Gemeinschaft.[9] (2) Die Studenten geraten darum auch dort, wo sie nicht zahlen und man sie insofern nicht als »Kunden« der Universität ansprechen will, stärker in die Rolle von Klienten als von Mitgliedern der Hochschule. (3) Man stellt sich vor, daß auch Universitäten und ihre Wissenschaftler im Wettbewerb zueinander stehen. Wettbewerb soll sie disziplinieren, und darüber hinaus soll die Vorstellung, daß an allen Universitäten im Prinzip gleichsinnig gehandelt wird, durch eine Struktur von zahlreichen Marktnischen ersetzt werden, die von den jeweiligen Hochschulen in einer Welt monopolistischer Konkurrenz zu behaupten sind.

Hinter alldem kann man das Bestreben von Universitäten vermuten, auf Eigentümlichkeiten ihres Organisationstyps zu reagieren, die im Zeitalter ihres Größenwachstums als belastend empfunden werden. Auch hierzu nur einige Hinweise: Die tragenden Mitglieder der Organisation gewinnen ihre Reputation außerhalb der Organisation, nämlich in den Publikationsorganen und in Diskursen einer überlokal agierenden Forschung. Zu starkem Engagement im »Kerngeschäft« der Organisation, das nur *in* ihr und nicht bloß *an* ihr stattfinden kann,

---

9 Dazu knapp Rudolf Stichweh, Universität nach Bologna. Zur sozialen Form der Massenuniversität (http://www.unilu.ch/deu/prof._dr._rudolf_stichwehpublikationen_38043.aspx, Dezember 2009), mit der These, daß die offengelegte Interessendivergenz aller Universitätsmitglieder zu einem neuen Typus akademischer Professionalität führen müßte.

zur Konzentration auf die Lehre, fehlen wichtige Anreize, wohingegen für die Feststellung, daß Ansprüche der Lehre stets schon erfüllt sind, die Humboldtsche Einheitsformel zur Verfügung steht. Der Beamtenstatus der Professoren schützt sie hierzulande zusätzlich gegen Zumutungen, die in anderen Organisationen ganz üblich sind: Themenfestlegungen, Leistungserwartungen, Präsenz.

Interne Weisung erscheint unter diesen Umständen wenig erfolgversprechend. Die Organisationsaufgabe »Universität« liegt darin, gleichwohl Entscheidungsfähigkeit und Programmerfüllung zu gewährleisten, ohne sich in endlosen Diskussionen zu vertagen, was denn überhaupt das Programm sei. Man kann an dieser Stelle ergänzen, daß die Universität auch insofern eine anspruchsvolle Organisationsaufgabe darstellt, als die argumentativen oder rhetorischen Fähigkeiten ihrer Mitglieder in einem Mißverhältnis zur Greifbarkeit ihrer Leistungen gerade im zentralen Funktionsbereich stehen: Es geht um eine am und mit dem Klienten erbrachte, also diffuse und schwer abrechnungsfähig zu machende Leistung, die von Personal erwartet wird, das seinerseits über jede Möglichkeit und Zeit verfügt, die Situation zu interpretieren.

In dieser Lage erscheint die Formel »unternehmerische Universität«, zieht man ihre rhetorischen Komponenten ab, weniger als eine, die zur Kommerzialisierung von Lehre und Forschung aufruft. Vielmehr scheint ihr am Unternehmertum und an

Unternehmen die Möglichkeit zu gefallen, einheitliches Organisationshandeln zu verwirklichen, besser noch: durchzusetzen. Was sie an der Wirtschaft bewundert, ist nicht die Wirtschaft, sondern die Kombination aus Durchsetzungsfähigkeit und kognitiver Offenheit, was ihrem eigenen, dem wissenschaftlichen Erwartungsstil entspricht. Diese Bewunderung garantiert selbstverständlich nicht die Durchsetzbarkeit der entsprechenden Wünsche und Reformen, zumal das Bild der Wirtschaftsorganisation und des Managements, das dabei zugrunde liegt, oft eigene Illusionen pflegt, so als kennten Wirtschaftsunternehmen nicht ebenfalls eigene Bürokratien, Blockadehandeln, Nichtsteuerbarkeit.[10]

Aber wenn man die Rede von der Universität als Unternehmen richtig einordnet, verlagert sich die Diskussion weg von ihrer vorgeblichen »Ökonomisierung«. Das Spiel lautet dann nicht mehr »Das Abendland gegen den Kapitalismus« oder »Humboldt gegen McKinsey«, sondern kommt von der Werteebene und der Ebene gesellschaftlicher Zeitdiagnosen herunter auf die von Organisationsfragen sowie der Kombinierbarkeit von Autonomie, Fremdkontrolle und Leistungsfähigkeit der Hochschulen.

---

10 Siehe für eine nüchterne Darstellung Robert Jackall, Moral Mazes. The World of Corporate Managers, Oxford 1988.

Zur Lage der Geisteswissenschaften

Wachstum als gemischtes Vergnügen

DIE Geisteswissenschaften haben im deutschen Hochschulsystem eine besondere Stellung. In fast keinem Land weltweit belegen so hohe Anteile der Studenten eines Jahrganges ihre Fächer. Zuletzt waren es mehr als sechzehn Prozent. Vergleicht man das Vergleichbare – also nicht Malta mit etwa dreieinhalbtausend Studenten, davon 18 Prozent in den Geisteswissenschaften –, so liegen nur Großbritannien und Italien in der Nähe der deutschen Zahlen. In den Vereinigten Staaten (12 Prozent), Frankreich (10 Prozent), Holland und Österreich (9 Prozent) sowie Schweden (6 Prozent) ist demgegenüber vor allem die studentische Beteiligung an den Sozialwissenschaften – eingeschlossen Jurisprudenz und Betriebswirtschaftslehre – sowie an der getrennt berechneten Pädagogik deutlich höher. Berücksichtigt man überdies die absolute Größe des deutschen Hochschulsystems samt der Tatsache, daß es hierzulande keine Eliteuniversitäten gibt, bei denen es für Studierende wichtiger ist, daß sie an ihnen als was sie an ihnen studiert haben, so ist es keine Übertreibung zu sagen, daß die deutsche Neigung zum geisteswissenschaftlichen Studium eine internationale Auffälligkeit darstellt.

Worauf diese Neigung beruht, ist offen: auf einem Interesse, das durch eigene Lektüre oder die Schule geweckt wurde, auf der wahrgenommenen Qualität des Studiums, auf der Aussicht einer Verbeamtung als Deutschlehrer oder Geschichtslehrerin, auf Abneigung gegen mathematisch voraussetzungsvolle Fächer oder einem anderen Mangel an Alternativen, auf vergleichsweise moderaten Erwartungen mancher geisteswissenschaftlicher Fächer an die Abiturnote, auf der Schwierigkeit, in einigen geisteswissenschaftlichen Disziplinen nicht durch die Prüfungen zu kommen – es sind viele Gründe denkbar. Von den Hochschulen werden sie nicht erhoben, von der sogenannten Hochschulforschung nicht erforscht. Die Hochschulen unterstellen Erwachsensein und also Rationalität auf seiten der Studenten, auch wenn diese Unterstellung zur engen Führung der Studenten im Kurssystem der bolognareformierten Universität mit geringen Wahlmöglichkeiten und nahezu klassenartigem Fortschreiten der Jahrgänge ebenso in starkem Widerspruch steht wie zur Tatsache immer jüngerer Studienanfänger. Es wird, mit anderen Worten, hochschulpolitisch mal Selbstverantwortung und mal Orientierungsbedürftigkeit behauptet, je nachdem, was gerade begründet werden soll.

Für die Geisteswissenschaften selbst sind allerdings die Gründe dafür, daß jemand ihr Studium aufnimmt, insofern nur von geringer Bedeutung, als sie auf den starken Andrang seit Jahrzehnten ohnehin eher defensiv und mit fatalistischer Gesinnung reagieren. Die Studenten werden in ihrer Masse als nur bedingt hochschulreif wahrgenommen. Daß sie im vierten oder fünften Semester einerseits kurz vor dem ersten Abschluß stehen, andererseits viele von ihnen zu diesem Zeitpunkt nicht annäherungsweise in der Lage sind, sich in historischen Epochen zu orientieren, in der literarischen Gattungsgeschichte oder in den Fremdsprachen, die sie studieren, wird darum nicht als Widerspruch aufgefaßt. Man teilt Leselisten aus, von denen man wissen kann, daß sie für die Studenten nicht zu bewältigen sind, und nimmt die Reaktion weitgehender Lektüreverweigerung dafür in Kauf, wohlfeil mitgeteilt zu haben, was eigentlich an Lektüre erwartbar wäre. Prüfungen hingegen, die eine solche Erwartung folgenreich kommunizieren würden, existieren vielfach nicht. Leistungsstandards werden nur beschworen, nicht durchgesetzt. Man imitiert also die Schule, was die Verkursung des Bildungsganges angeht, verzichtet aber auf die schulische Komponente, die es erlaubt, intellektuelle Leistungsfähigkeit und Lernfortschritte festzustellen.

Dem entspricht das Kuriosum, daß inzwischen – angeblich aus rechtlichen Bedenken – auf Anwesenheitspflicht verzichtet wird, obwohl das System von Bologna gerade stundenweise Teilnahme, Vor- und Nachbereitung »mißt« und in Zertifikate übersetzt. Das gilt für alle Disziplinen. Wenn aber insbesondere geisteswissenschaftliche Studiengänge in vielen

Fällen auf eine Definition von Studienerfolg verzichten, die mit den impliziten Erwartungen an das, was ein Studium leisten soll, vereinbar ist, sind alle Prüfungen einschließlich der Anwesenheit und des Schreibens fünfseitiger »Essays« nurmehr ritueller Natur. Während also – um es sehr grob zusammenzufassen – jemand, der keine Differenzengleichung lösen kann, in seinem Studiengang recht bald mitgeteilt bekommt, unter diesen Umständen kein Mathematiker zu sein und jedenfalls so keiner werden zu können, lassen viele Geisteswissenschaften ihre Studenten über drei, vier Jahre hinweg in der Illusion, es handele sich bei ihnen um angehende Philologen, Philosophen, Historiker, Kulturwissenschaftler oder ähnliches.

Es kursieren dann die allseits bekannten Anekdoten über absurde Abschlußprüfungen – »Wir hatten den ›Werther‹ ausgemacht, Frau Professor, aber doch nicht ›Sturm und Drang‹!« – und grammatikalisch wagemutige Seminararbeiten nahe der Verständlichkeitsgrenze. Doch nur selten schließen die entsprechenden Erzählungen damit ab, die Prüfung sei darum auch nicht bestanden worden. Gewiß gibt es hiervon Ausnahmen, sowohl was einzelne Fächer angeht, vor allem wenn sie – wie etwa Musikwissenschaft oder Archäologie – auf die Beherrschung von Techniken angewiesen sind, wie auch was einzelne Lehrende betrifft. Aber in vielen geisteswissenschaftlichen Studiengängen existieren die Fachstandards nur auf dem Papier der Prüfungsordnungen, an denen sich dann das hermeneutische Geschick derer, die sie entworfen haben, in jedem Semester neu beweist. Es existieren keine Anreize zur Strenge. Die Zahl der erfolgreichen Abschlüsse wird den Fachbereichen hoch angerechnet, ganz gleich, was Erfolg dann im einzelnen bedeutet. Unter den Kollegen macht sich außerdem unbeliebt, wer scharf prüft und darum bald nur noch wenige Kandidaten hat oder dem Kursnachfolger Wiederholer zuführt.

All das mag zur Entschuldigung mehr taugen als die nicht seltene arrogante Replik, Geisteswissenschaften seien nicht prüfbar und es sei irgendwie unter der Würde eines Diskurses freier Nachdenker, hier Vorschriften zu machen. Doch selbst der Hinweis auf die institutionellen Umstände läßt die Frage unbeantwortet, wie es natur- und ingenieurswissenschaftlichen Fächern oder den Juristen und Medizinern an denselben Hochschulen jemals gelingen konnte, ihre Standards durchzusetzen, wohingegen ein Student der Germanistik im zweiten Semester vor Jahren zu Protokoll geben konnte: »Das einzige Buch, das alle kennen, ist ›Harry Potter‹«.

Ein Grund für diese Indifferenz vieler Geisteswissenschaftler gegenüber Niveaufragen des Studiums liegt schlicht darin, daß sie einen Affekt gegen Ausbildung pflegen. Die Beschäftigung mit kulturellen Objekten soll ihren Zweck wie diese in sich selbst haben. Der Frage »Wozu?« wird geantwortet, es könne nur ein Banause sie stellen. Die Lehramtskandidaten, die sie für sich schon mit der Aufnahme des Studiums beantwortet haben, gelten als Studenten zweiten Ranges, der wahre Abendländer, Kritische Theoretiker oder Dekonstruktivist folgt seit jeher nicht der Not einer Berufswahl, sondern nur dem inneren Drang. Das läuft auf die Privilegierung einer verschwindend geringen Gruppe von wissenschaftlich Interessierten oder zu wissenschaftlichem Interesse immerhin Überredbaren unter den Studenten hinaus, in denen sich das Lehrpersonal wiedererkennt. »Das deutsche geisteswissenschaftliche Seminar«, hat der Rektor der Universität Basel, der italienische Archäologe Antonio Loprieno, einmal formuliert, »das ist die Suche des Professors nach seinem Nachfolger«. So wird die Formel der Einheit von Forschung und Lehre interpretiert: als Zwangsbeschulung der Studentenmasse mittels eines Curriculums, das sie in Kontexte einübt, nämlich wissenschaftliche, mit denen sie später nie wieder zu tun haben werden, was sie schnell erkennen, weswegen sie verständlicherweise auch schon jetzt verweigern, jenseits des Zurkenntnisnehmens damit etwas zu tun haben zu wollen.

Proseminarankündigungen für Achtzehn- bis Zwanzigjährige lesen sich dann beispielsweise so:

»In ihrer Einführung zum Band Theatricality (2003) konstatieren Thomas Postlewait und Tracy C. Davis: ›For better or worse, the idea of theatricality is quite evocative in its descriptive power yet often open-ended and even contradictory in its associative implications.‹ Tatsächlich öffnet der Begriff der Theatralität ein weites Feld von Anwendungs- und Untersuchungsmöglichkeiten, zugleich bedarf er angesichts begrifflicher und assoziativer Fülle stets der Einordnung und Präzisierung. Als ästhetisches Kriterium kann er der Beschreibung der spezifischen Qualitäten des Kunsttheaters, seiner medium specificity, dienen; zugleich aber ermöglicht er die Untersuchung und Beschreibung kultureller Praktiken in Hinblick auf Strategien der Zurschaustellung, Inszenierung und Präsentation. (...) Das Seminar möchte einen Überblick über wichtige Diskurse des Theatralen bieten und die Diskussion unterschiedlicher Ansätze und Strategien in der Verwendung von Theatralitätskonzepten ermöglichen. Dabei wird die Lektüre theoretischer Texte im Vordergrund stehen, die seit der zweiten Hälfte des 20. Jahrhunderts mit Begriffen der Theatralität operieren, und zwar sowohl auf seiten der Kultur- und Sozialwissenschaften (wie Goffman, Plessner, Burns, Foucault, Sennett, Butler) als auch auf Seiten der Theaterwissenschaft (Féral, Münz, Schramm, Fischer-Lichte). Da theatrale Konzepte jedoch in einer langen Tradition von Diskursen stehen, die die Welt und das menschliche Handeln als theatral verfaßt verstehen (u.a. theatrum mundi, self-fashioning) oder im Bereich der Kunst die Spezifik theatraler Qualitäten betonen (insbesondere in den historischen Avantgarden), werden ausgewählte historische Exkurse und Quellen die Beschäftigung mit theoretischen Texten ergänzen.«

Man könnte eine solche durchaus typische Einladung mit ihrer Kombination aus Überforderung – zehn Theoretiker der Darstellung aus sieben Disziplinen plus historische Exkurse – und Vagheit selbst auf ihre theatralischen Eigenschaften hin analysieren. Wenn das Werbung ist, wie stellt sie sich das umworbene Publikum vor? Entscheidend erscheint dabei, daß sie ganz im Stil der Einleitungen geisteswissenschaftlicher Aufsätze geschrieben ist. »Das Seminar möchte« könnte problemlos durch »Der Sammelband möchte« ersetzt werden. Einheit von Forschung und Lehre – das heißt in den deutschen Geisteswissenschaften zumeist: Die Lehre wirft über den Studierenden Bruchstücke von Forschung oder jedenfalls dem, was sie so publiziert, ab, mit denen allenfalls etwas anfangen kann, wer selbst schon forscht oder in einer Intensität liest, die unter den Umständen der Bologna-Stundenpläne völlig unwahrscheinlich ist. Man kommt Leuten mit Sekundärliteratur, für die Primärliteratur noch Zukunft ist. Man läßt sie reihenweise Referate halten, auch wenn man diese nach jedem zweiten Satz unterbrechen müßte, weil es nur unfreiwillige und verquälte Parodien auf wissenschaftliche Argumentationen sind. Man bringt ihnen das Zitieren vor dem Lesen bei. Eigene aus dem intellektuellen Kernbestand der geisteswissenschaftlichen

Fächer entwickelte Lehrideen für Studenten, die wissenschaftlich weder verwendungsfähig noch verwendungswillig sind, existieren nicht.

Was es allenfalls gibt, sind Nützlichkeitsfassaden, die eine Ausbildung beispielsweise zum Journalisten, Lektor oder Kurator versprechen, so als harrten diese Berufsbilder der Akademisierung, so als könnten Germanisten oder Kunstgeschichtler überhaupt dazu ausbilden und so als wartete außerhalb der Universität ein nennenswert großer Arbeitsmarkt auf Leute, die Kurse im Trockenschwimmen belegt haben. Doch selbst wenn man einen solchen Bedarf annimmt und in entsprechenden Aufbaustudiengängen nicht nur eine weitere Warteschleife vor dem Berufsleben erkennt, bleibt die Frage, was die Geisteswissenschaften denen anzubieten haben, die sie zwar zum Studium zulassen und bis zum ersten Abschluß befördern, für die sie aber den Zugang zu solchen Masterprogrammen mit »Praxisbezug« nicht vorsehen.

Daß Lehrideen diesseits solcher nachgelagerten Praxisversprechen und Schlüsselkompetenz-Sprüche für das Erststudium nur selten entwickelt werden, hat außer der Phantasielosigkeit vieler Professoren und einer strukturellen Arroganz gegenüber Ausbildungsfragen beispielsweise der Lehrerbildung noch einen zweiten Grund. Man hat Besseres zu tun. Das Größenwachstum der Geisteswissenschaften treibt ihre Spezialisierung voran, die sie der

Lehre entfremdet. Wer lehren und dafür verbeamtet werden will, muß und will forschen, was zu Detailarbeit zwingt, die nicht mehr mit etwaigen Bedürfnissen der studentischen Mehrheit verbunden werden kann. Wenn die Kleeforschung nicht mehr weiß, was die Monetforschung macht, liegt es auf der Hand, daß keine von beiden für Studenten, die weder den einen noch den anderen kennen, sinnvoll genutzt werden kann.

Außerdem erwirbt weder der sogenannte wissenschaftliche Nachwuchs – zumeist handelt es sich um Leute um die dreißig – noch die Professorenschaft mittels Lehre irgendwelche Lorbeeren. Das Schlüsselwort lautet inzwischen auch in den Geisteswissenschaften »Drittmittel«. Also wird die Energie in das Entwerfen von Projekten, die Abstimmung mit anderen Forschern und das inner- wie außeruniversitäre »Networking« gesteckt. Monatlich wächst die Zahl der Zeitschriften und multipliziert die entsprechenden Engagements der Spezialisten ebenso wie die Zahl der Tagungen, deren Zusammenfassung in Sammelbänden schon gesichert ist, bevor auch nur ein einziger Vortrag gehalten wurde und also auf seine Publikationswürdigkeit hin beurteilt werden konnte. Was Professoren überhaupt noch lesen, sind Gutachten, Evaluationsrichtlinien, Evaluationsergebnisse, Antragsentwürfe, Antragsentwurfsänderungen, Reisekostenanträge, Calls for Papers, Abstracts. Von alldem hat die Lehre – nichts. Die Forschung ist der Parasit der Lehre.

Das gilt für alle Disziplinen, und alle ächzen. In den geisteswissenschaftlichen hat es die besondere Folge, daß weder der Forschungsstil noch das Lehrideal auf diese Umweltveränderung eingestellt sind. Die Naturwissenschaften kennen die Idee der Einheit von Forschung und Lehre nur aus Festvorträgen. In ihrem Bereich ist es selbstverständlich, daß der Physiologe über das Auge liest, auch wenn er über das Ohr forscht, und daß wenn er über das Ohr liest, das er erforscht, die Lehre auf die Ausbildungserfordernisse der Studenten und nicht auf die Selbstdarstellungswünsche der Forschung Rücksicht zu nehmen hat. Zugleich reagiert die Forschung auf die Erwartung, projekt- und gruppenförmig zu erfolgen, gewissermaßen achselzuckend, denn sie erfolgt im Bereich der Natur- und Ingenieurwissenschaften seit einhundert Jahren ja nie wesentlich anders als hocharbeitsteilig, über abgestimmte Arbeitsteilung integriert, laborbezogen organisiert und projekthaft. Wissenschaftliche Sonderkulturen wie die mathematische oder Teile der Theoretischen Physik sind hier Ausnahmen, was sich aber aufgrund einigermaßen verläßlicher Leistungskriterien und Lehrerfordernisse weder in der Forschung noch im Unterricht stark auswirkt.

Ganz anders in den hermeneutischen, historischen und philologischen Disziplinen. Hier hat die modellhafte Sequenz »Wachstum der Studierendenzahlen – Wachstum des für die Lehre nötigen wissenschaftlichen Personals – Wachstum des Publikations- und also Forschungsumfangs – Spezialisierung – Projekt- und Gruppenform der Forschungsfinanzierung« zu den merkwürdigsten Symptombildungen geführt. Besonders grotesk geht es im Bereich der angeblichen Exzellenzcluster zu, die nach außen so tun müssen, als handele es sich bei ihnen um irgendwie sachlich integrierte Problemlösungskollektive. Nichts davon ist wahr, und es wäre ja auch viel verlangt, einen gemeinsamen Bezugspunkt von Forschungen über postsowjetische Großstädte einerseits, die Geschichte der Zombies andererseits (Exzellenzcluster Konstanz) anzugeben oder zu sagen, was »Gesetz und Gewalt im Kino« mit Predigtsammlungen der Frühneuzeit zu schaffen haben (Exzellenzcluster Frankfurt), vom Zusammenhang zwischen der Stellung des Vatikans zum Spanischen Bürgerkrieg und der Buchzensur im englischen Spätmittelalter (Exzellenzcluster Münster) ganz zu schweigen. Ähnliches gilt für die sogenannten Graduiertenschulen und -kollegs, in denen Doktoranden gehalten sind, sich wöchentlich Vorträge von Kollegen anzuhören, die mit ihren eigenen Forschungen schlechterdings nichts zu schaffen haben, nur weil sich Dissertationsprojekte zur Geschichte des Fußballs im Kaiserreich, zur Büroarbeit im Kapitalismus und zur Ethnographie des Referendariats unter einen Titel wie »Selbst-Bildungen« (Oldenburg) bringen ließen oder solche über urbane Protestbewegungen und über die

Geschichte des Klavierbaus unter den Titel »Topologie der Technik« (Darmstadt).

Damit ist nichts gegen auch nur eine dieser Forschungen gesagt, aber die implizite Behauptung, es handele sich hier um Gruppenforschung oder interdisziplinär informative Themenkombinate, ist in neun von zehn Fällen ein Witz. Die Geisteswissenschaften imitieren nur die arbeitsteiligen Prozesse der Labordisziplinen, und sie verbrauchen Zeit, soziale wie individuelle Energie sowie Finanzmittel für diese Imitationen, die nur den Sinn haben, mit den anderen Disziplinengruppen Schritt zu halten und weitere Beschäftigungsmöglichkeiten für ein wissenschaftliches Personal zu beschaffen, das keinerlei Aussicht auf eine Dauerstellung in der Wissenschaft hat und sich mit dem Schreiben von Texten befaßt, die so gut wie niemand jemals lesen wird.

Woher man das weiß? Wem es nicht das einfache Nachdenken darüber sagt, wann denn gelesen werden soll, wenn soviel geschrieben, administriert, beantragt, evaluiert und akkreditiert wird, dem mögen es die phantasmagorischen Bibliographien der wissenschaftlichen Publikationen sagen, deren addierte Seitenzahlen pro Wissenschaftler ganze Jahrzehnte voraussetzen würden, die ausschließlich mit Lektüre verbracht worden sein müßten. Außer dem Lesen, meinte einst der Historiker Jürgen Kocka, gebe es ja auch noch das Zurkenntnisnehmen von Literatur – und damit hat er wohl das Schicksal der meisten Produktionen in den Geisteswissenschaften recht gut getroffen. Sie werden, inzwischen machen es die Schreibgeräte recht leicht, einfach durch Nennung in den Fußnoten anderer nichtgelesener Aufsätze endgelagert. Vielleicht würde eine Wiedereinführung der alten buchherstellerischen Technik der unaufgeschnittenen Bögen es erlauben, hier einen handgreiflichen Nachweis zu führen, daß die meiste Literatur gewissermaßen ungeöffnet weiterverarbeitet wird. Der Soziologe Andrew Abbott, der es kürzlich einmal genauer wissen wollte und dem Zitierschicksal eines eigenen Buches nachging, fand es in der größten Anzahl der Fälle für Thesen zitiert, denen er in seinem Buch entweder widersprach oder die er in ihm als die Thesen anderer Autoren anführte. Indizien für eine tatsächliche Lektüre – etwa das Zitieren bestimmter Seiten seines Buches – fand er nur spärlich. Auch dies ist eine Wachstumsfolge: Gelesen wird nur unter Umständen, geschrieben nicht für die Lektüre, sondern für die Bewerbungsunterlagen, zitiert nicht in erster Linie aufgrund von Lektüre, sondern um Kenntnisnahme zu demonstrieren.

Bevor an dieser Stelle endgültig der Eindruck einer Jeremiade entsteht, abschließend zwei Ergänzungen, um die Stoßrichtung des Arguments zu verdeutlichen. Die geisteswissenschaftliche Forschung der vergangenen Jahrzehnte in Deutschland ist auf vielen Feldern eine Erfolgsgeschichte: in Kunsthistorie und Musikwissenschaften etwa, in Altphilologie und Alter Geschichte, der Geschichte des öffentlichen Rechts, der Geschichte des 19. Jahrhunderts und der Ideengeschichte der Frühen Neuzeit ist Exemplarisches geleistet worden. Wenn der Eindruck nicht täuscht, ist es aber nicht aufgrund der wissenschaftspolitischen Umstände geleistet worden, sondern ihnen zum Trotz. Ein Indiz dafür ist, daß nach wie vor Reputation an Forscherbiographien gebunden ist: Berühmte Sonderforschungsbereiche, legendäre Großgruppen, außerordentlich erfolgreiche Graduiertenkollegs sind in den Geisteswissenschaften nicht bekannt geworden. Der Erkenntnisgewinn hängt nach wie vor an der Gelehrsamkeit und Interdisziplinarität einzelner, die Forschung wird zumeist von Lehrstühlen und jedenfalls vom Eigensinn derer getragen, die in der Regel wenig Zeit auf das Netzwerktamtam in der Drittmittelzone verschwenden. Umgekehrt ist auffällig, wie sehr erfolgreiche geisteswissenschaftliche Forschung regelmäßig davon profitiert, daß man die Forscher in Ruhe läßt, ihnen nicht mehr und nicht zu früh das abverlangt, was möglich ist, und sie nicht zu Geschäftigkeit zwingt.

Aus diesem Umstand müßte mehr gelernt werden. Stattdessen aber befinden sich die Geisteswissenschaften in einer Situation, in der Normalität eigens in Programmform als Sonderzuwendung angeboten wird: für das Verfassen von Büchern werden Opus-maximum-Stipendien ausgeschrieben und allerorten Institute für entlastetes Nachdenken gegründet, weil die Forscher anders nicht mehr zu dem kommen, was ihre Aufgabe ist; für »besonders risikobehaftete Forschung« hat die Deutsche Forschungsgemeinschaft einen eigenen Preis ausgelobt und bei seiner Vergabe sinngemäß einmal erklärt, der Gewinner forsche riskant, weil das Ergebnis seiner historischen Projekte noch nicht feststehe. Das war über die Tatsache hinaus, daß es im betreffenden Fall gar nicht stimmte, unfreiwillig komisch. Die Funktionäre merken also gar nicht mehr, daß sie sich vor der Geschichte der Fächer, deren Mittelzufuhr sie verwalten, objektiv lächerlich machen. Daß sie trotzdem niemand verlacht, prägt den Betrieb.

Eine andere nötige Bemerkung zur Vermeidung falscher Schlüsse aus dem Gesagten gilt noch einmal der Lehre und den Studenten. Daß es so viele sind, müßte kein Nachteil sein, wenn ihnen mehr Aufmerksamkeit gälte, und zwar eine, die sich auch darin bewiese, ihnen zu erklären, was eigentlich so wichtig sein soll an der Welt der kulturellen Formen. Das Vertrauen darauf, daß diese Frage, die eine vorwissenschaftliche Frage ist, schon in den Elternhäusern oder den Gymnasien beantwortet worden sei, wäre genauso haltlos wie der Glaube, die Antwort ergebe sich gewissermaßen in der Beschäftigung mit Texten, Kunstwerken und vergangenen Epochen von selbst. Man muß vielleicht nicht so weit gehen wie der amerikanische Journalist Leon Wieseltier mit seiner These »Culture is Now the Counterculture«, aber daß die Gegenstandswelten der Geisteswissenschaften von einer bildungsdurchdrungenen Normalerwartung an ein bürgerliches Leben gestützt würden, ist illusorisch. »Wir beugen die Knie nicht mehr«, meinte Hegel zur Situation der Kunst in der modernen Welt. Für die historische, philologische und ästhetische Erkenntnis ist das eine sehr gute und notwendige Voraussetzung. Keine hinreichende aber. Denn wer fühlt, daß er die Knie vor einem Werk nicht beugen muß, der weiß noch lange nicht, warum er trotzdem den Kopf darüber beugen sollte.

Was die Mode streng geteilt

Sometimes reputations
outlive their applications
Coyote Shivers

EIN Lob der Mode kann man sich auf vielen Gebieten vorstellen, auf ernsten aber ist es selten. Modedessous, Modesportarten, Modegärten oder Modetorten[1] werden nicht beanstandet, Modereligionen hingegen, Modegesetze, Modetheorien schon. Von der Mode aus betrachtet ist diese Entlastung von Schwerem und Schwierigem verständlich, denn »als Mode wirkt sie erst, wenn die Unabhängigkeit gegen jede andere Motivierung positiv fühlbar wird, wie unser pflichtmäßiges Tun erst dann als ganz sittlich gilt, wenn nicht sein äußerer Inhalt und Zweck uns dazu bestimmt, sondern ausschließlich die Tatsache, daß es eben Pflicht ist«.[2] Doch das impliziert nicht die Abwesenheit und »Unerträglichkeit« von Moden auf Gebieten, auf denen nur sachlich entschieden werden soll. Es impliziert zunächst nur, daß Moden dort nicht offen als Moden hervortreten dürfen und die bunte Kleidung mit ernstem Gesicht getragen werden muß.

Wer in der Wissenschaft etwas als Mode bezeichnet, tritt entsprechend als Freund der nackten Wahr-

---

1 www.oetker.de/oetker/rezepte/backen/modetorten.html.

2 Georg Simmel, Philosophische Kultur, Leipzig 1919, S. 30.

heit auf. »Fashionable Nonsense« lautete 1998 das Urteil von Alan Sokal und Jean Bricmont über die »postmoderne« Philosophie, womit festgehalten werden sollte, daß Unsinn seine Wirkungskraft gerade aus seiner Modequalität bezieht. Um aber herauszufinden, ob das Modische kongruent mit dem wissenschaftlich Unbeachtlichen ist, wäre eigentlich auch noch zu untersuchen gewesen, ob es »fashionable sense« gibt. Das ist im Fall der Wissenschaft insofern interessant, als hier ja durchaus Innovation und Experiment geschätzt werden. Es kann mithin nicht der regelmäßige Wandel ihres Erkenntnistandes selber sein, der mit dem Verdikt »Mode« abgelehnt wird. Eher scheint die Einladung zum Mitmachen, die Mode kennzeichnet, der Einladung zum Dagegensein, die Wissenschaft vermittelt, zu widersprechen.

Unter den ablehnenden Urteilen in der Wissenschaft scheint »modisch« eines der schärfsten zu sein. Das jedenfalls legt die Reaktion der Theaterwissenschaftlerin Erika Fischer-Lichte nahe, als sie vor kurzem darum gebeten wurde, die Frage zu beantworten, ob »uns« Moden die Qualität in den Geisteswissenschaften verdorben haben.[3] Ihrer Ansicht nach könne man davon »keineswegs ausgehen«,

---

3 Dies., Weltwahrnehmung im Wandel: Neue Theorieansätze als adäquate heuristische Instrumente der Geisteswissenschaften, in: Elisabeth Lack, Christoph Markschies (Hrsg.), What the hell is quality? Qualitätsstandards in den Geisteswissenschaften, Frankfurt am Main 2008, S. 115–133 (»Haben uns Moden die Qualität verdorben?«).

daß es in den Geisteswissenschaften überhaupt so etwas wie Moden gebe, geschweige denn daß die Moden etwas verdorben hätten.

Nun, wenn es sie gar nicht gibt, dann können sie selbstverständlich auch nichts verderben. Es genügt also, den Versuch zu prüfen, auf einem Gebiet, das oft genannt wird, wenn »Modeströmungen« diagnostiziert und beklagt werden, auf dem Gebiet der ästhetischen Disziplinen also, nicht weniger als die Inexistenz von Moden plausibel zu machen. Fischer-Lichtes Versuch verdient eine solche Prüfung um so mehr, als sie ihn am Beispiel ihrer eigenen Forschung durchführt, fast so, als sei die Frage gestellt worden, ob sie sich selbst an Moden beteiligt habe, und fast so, als sei der Anschein davon so stark, daß seine Zerstreuung geeignet ist, den Modevorwurf in den Geisteswissenschaften generell zu relativieren. Ihr anspruchsvolles Argument scheint sagen zu wollen: Wenn ich zeigen kann, daß der Wandel, an dem ich mich beteiligt habe, kein modischer war, dann ist damit die Frage nach der Mode überhaupt beantwortet.

Was Fischer-Lichte verteidigt, ist folgerichtig die immense Pluralität von »Ansätzen« in den Literaturwissenschaften. Denn tatsächlich setzt die Diagnose einer Mode die rasche Abfolge von untereinander nur durch das Abwechslungsbedürfnis verbundenen Orientierungsänderungen voraus. Fischer-Lichte bestreitet diese Orientierungsänderungen in der Literaturwissenschaft nicht.

Wovon ist die Rede? Man kann jenen unter Modeverdacht gestellten Wandel schon an Selbstbezeichnungen wie »New« oder »Neo« (Historicism, Strukturalismus), »Post« (Strukturalismus, Hermeneutik) oder »turn« (cultural, iconic, spatial, emotional, topographic) erkennen. Hinzu kommen Theorieimporte (Psychoanalyse, Marxismus, Sozialgeschichte, Dekonstruktion, Systemtheorie, Verhaltensforschung), selbst hervorgebrachte Verfahren (Rezeptionsästhetik, Intertextualität, Narratologie) und Themenkonjunkturen (Geschlecht, Körper, Körperflüssigkeiten, Medien); und die »empirische Ästhetik« (neurolinguistic und evolutionary turn) steht schon vor der Tür. Das alles, darf man hinzufügen, ist in den Literaturwissenschaften zwischen Mitte der sechziger und heute, also in einem Zeitraum von knapp fünfzig Jahren entfaltet und wieder zusammengefaltet worden. Man kommt mithin, Überschneidungen zwischen den Paradigmen und mehrfache Stammesmitgliedschaften in Rechnung gestellt, auf einen Neuansatz fürs ganze Fach etwa in jedem zweiten bis dritten Jahr. Das ist viel.

Fischer-Lichtes Argument lautet, das Tempo, in dem sich dieser Wandel zuträgt, habe nichts mit einem Bedürfnis nach Abwechslung zu tun. Deshalb spricht sie von »Theorie-Entwicklungen«, was nahelegt, daß die Abfolge der saisonalen Favoriten in sich zusammenhängt und die Neuerungen nicht ohne Rücksicht aufeinander aus dem Boden schießen. Die semiotische Wende etwa, die nicht nur Texte als Texte (Zeichensysteme) zu behandeln vorschlug, sondern auch Feste, Bilder, Spiele oder Gärten, habe die kulturwissenschaftliche Wende vorbereitet, nach der die Geisteswissenschaften sich im Grunde alles als denkbaren Gegenstand ihrer Interpretationen vorstellen können. Der »interpretative turn« der Ethnologie sei ebenfalls als Folge des »semiotic turn« zu begreifen, der »linguistic turn« in der Philosophie wiederum als Voraussetzung des »performative turn« in der Theaterwissenschaft.

Allerdings ist es lohnend, die festgehaltenen Entwicklungen und Fortschritte – von denen bloße Mode nicht wisse – näher zu betrachten, denn von der Semiotik etwa heißt es, ihre Leistung bestehe darin, von geisteswissenschaftlichen Disziplinen eine nachvollziehbare Beschreibung ihrer Gegenstände (hier: Aufführungen) verlangt zu haben. Der »Performanzforschung« wiederum wird gutgeschrieben, die Perspektive »Kultur als Zeichensystem« durch die Perspektive »Kultur als Handlung« ergänzt zu haben. Daran sei wichtig der Hinweis auf die Unverfügbarkeit der Wirkungen von Werken für die Absichten der an ihnen beteiligten Subjekte. Gelernt worden wäre, folgt man Fischer-Lichte, daß Aufführungen eben doch nicht nur Texte sind und jeder Text, der sich an Aufführungen bindet, damit nicht mehr nur durch Textanalyse in seiner Bedeutung erschlossen werden kann.

Ist eine solche Abfolge nun ein Fortschritt oder ein Modewechsel? Fischer-Lichte macht es sich an dieser Stelle etwas leicht, wenn ihr zur Verneinung des Modeverdachts genügt, daß jene »Ansätze« etwas an ihren Gegenständen aufzeigten, das zuvor so nicht gesehen oder für selbstverständlich gehalten worden sei. Denn damit erspart sie sich den Nachweis, daß diese Erkenntnis umschwungförmig und als Geturne organisiert werden mußte. Auch Kleidermoden lassen sich ja so beschreiben, daß sie Möglichkeiten entdecken, die zuvor so nicht gesehen oder für selbstverständlich gehalten wurden. Das Modespezifische an ihnen ist jedoch nicht die Ergänzung der These »Kurze Röcke betonen lange Beine« durch die These »Enge Hosen betonen auch lange Beine«, sondern daß eine ganze Saison aus Gründen des Mitmachens und der Abwechslungsfreude solchen schlichten Einsichten folgt.

Die Frage ist also nicht, ob die Performanzforschung die ganz offenkundigen Einseitigkeiten der Semiotik zu ergänzen vermochte, sondern ob ein geisteswissenschaftlicher Austausch von Argumenten möglich ist, ohne gleich immer ganze Paradigmen auszurufen. Bedurfte, um beim Beispiel zu bleiben, die Demonstration einer Wirkung von Ritualen und Aufführungen, die nicht von den Texten, auf die sie sich berufen, und den Plänen, die für sie gemacht wurden, kontrolliert werden, eines »performative turn«, oder hätten nicht ein halbes Dutzend guter Aufsätze oder Bücher genügt? Waren diese vielleicht nicht sogar schon geschrieben, als die Mode entstand, einmal ein paar Jahre lang alles auf »Performanz« zu setzen? Ethnologie und Soziologie wußten längst von jener Tatsache, ohne sie zur Stammesgründung genutzt zu haben. Seit in der klassischen Philologie und der Religionswissenschaft des Alten Testaments über Mythos und Ritual diskutiert wird, also seit der Wende zum 20. Jahrhundert, ging es dort um die Fragen, die uns nun als die eines eigenen »Ansatzes« präsentiert werden. Daß Texte ihre Bedeutung nicht kontrollieren, war das Argument des jungen Derrida. Daß Autoren (»intentionale Subjekte«) es nicht tun, war noch länger bekannt. Mit anderen Worten: Aus dem Stand der Erkenntnis auf einem Gebiet und dem Bedürfnis, ihn zu ändern, läßt sich nicht die Sozialform (Paradigmenwechsel, »turn«, Schulgründung etc.) dieser Änderung begründen.

Vielleicht hängt es damit zusammen, daß Fischer-Lichte noch eine zweite Behauptung zur Zerstreuung des Modevorwurfs ins Spiel bringt, die ihrem ersten Argument fast entgegengesetzt ist: »Da in unserer so rasant sich wandelnden Welt sich ständig neue Fragen ergeben und Probleme auf die Tagesordnung kommen, die gestern noch jenseits unserer Vorstellungskraft lagen, hat sich nicht nur der Wechsel verschiedener theoretischer Ansätze beschleunigt, sondern auch ihre Vielfalt erheblich vergrößert.«[4] Die Unruhe der Gesellschaft rechtfertigte dann die Unruhe der Disziplin. Ob nun aber

---

4 A.a.O., S. 128.

wirklich die Frage nach dem Eigensinn der Interaktion (Rituale, Aufführungen) gegenüber dem Text bis vor kurzem jenseits unserer Vorstellungskraft lag, hängt von der Spezifikation des mit »uns« Gemeinten ab. Oder anders formuliert: Wie steht es um eine Disziplin, die derart von ihrer Umwelt mitgenommen wird? Fischer-Lichtes einziges Beispiel für Wirklichkeitsumbrüche in dem von ihr diskutierten Fall ist das Aufkommen von »Performance«-Kunst und die damit einhergehende Veränderung des ästhetischen Werkbegriffs.[5] Weshalb die 68er-Bewegung, die Frauenbewegung, die neuen Kommunikationstechnologien, Migration und Globalisierung, die sie zusätzlich aufführt, »neue Theorieentwicklungen« in den Literaturwissenschaften im Sinne der Proliferation von »Ansätzen« erzwingen, leuchtet nicht ein. Man möchte fast umgekehrt schließen: Weil und in dem Maße, in dem es keine eigenständig entwickelten Theorien gibt, die es erlauben würden, neue Informationen zu verarbeiten, bringen jede Zeitdiagnose und jede Theorieerscheinung in der akademischen Umwelt der Literaturwissenschaften neue »Ansätze« hervor.

Eine Erforschung geisteswissenschaftlicher Moden könnte solchen Vermutungen nachgehen. Ihre Frage wäre weniger, ob es Moden gibt, als wie man

---

5 Vgl. für eine frühe Wahrnehmung dieses Umstands mit »unparadigmatischen« Schlussfolgerungen Rüdiger Bubner, Über einige Bedingungen gegenwärtiger Ästhetik, in: Neue Hefte für Philosophie 5 (1973), S. 38–73.

ihre Existenz einschätzt. Ist beispielsweise die Unterscheidung zwischen Mode (soziale Gründe für Neues) und Fortschritt (sachliche Gründe) zureichend?[6] An dieser Stelle hilft es vielleicht weiter, der Wissenschaft einen Kernbereich zuzugestehen, für den der Modeverdacht unangenehm ist, und einen Außenbereich, in dem Mode ganz selbstverständlich, aber eventuell auch ohne negative Folgen für den Kernbereich ist. Die Theorien und Urteile der Forschung gehören gewiß zum Kernbereich. Über sie muß und kann selber wissenschaftlich geurteilt werden. Die Themen hingegen, die sich die Wissenschaft wählt, können selber nicht wissenschaftlich begründet werden: Es gibt keine Möglichkeit, das barocke Trauerspiel, die Qualität von Aufführungen oder das Bild in der Wissenschaft *als Thema* mit wissenschaftlichen Argumenten abzulehnen. Andererseits ist auf der Ebene der Themen Varietät erwünscht. Immer nur Goethe wäre zu wenig. Das öffnet die Themenwahl für andere als wissenschaftliche Einflüsse: für Jahrestage, für das Vergnügen an Abwechslung, für Einstellungen, die sich politisch vorkommen, für die Autorität des Doktorvaters etc.

Um im Bild zu bleiben, könnte man die Moden der Wissenschaft dann als dasjenige an ihr bezeichnen, was für Erkenntnisse – ob sie sich nun als substantiell erweisen oder nicht – saisonale Auf-

---

6 Dies verneinend Jürgen Kocka, Mode und Wahrheit in der Geschichtswissenschaft, in: Leviathan 38 (2010), S. 213–225.

merksamkeit verschafft. Hirnforschung oder Systemtheorie stehen in juristischen Methodenlehren dort, wo zuvor mit Ontologie, Linguistik, Popper oder Marx dekoriert wurde, und können darum auch oft ohne Verlust herausgekürzt werden. Neurodidaktik, Neurohistorik und Bioästhetik vermitteln das Gefühl des Dabeiseins. In den Natur-, Ingenieur- und Erziehungswissenschaften wären die jeweils aktuellen Nützlichkeitsversprechen ein anderes Beispiel für solche Moden.

Das führt zur Frage, woher das Bedürfnis kommt, Themen- und Gesichtspunktwahl in Form sozialer Bewegungen zu organisieren. Unsere Vermutung: Es sind die Größenordnungen vieler geisteswissenschaftlicher Disziplinen, die mit dem vermeintlichen Zwang zur Gruppenforschung (Kolleg, Sonderforschungsbereiche, Cluster) und mit der Projektform auch Neuigkeitsformeln hervorbringen, die eigens für das innerdisziplinäre Publikum und Begutachtungsprozesse erzeugt werden. Die Mode überhöht das Projekt, indem sie es unter Berücksichtigung seiner Fristen als Beitrag zu etwas Frischem und allgemein Verständlichem darstellt. Sie versorgt die Beteiligten mit kollektiven Anfangsgefühlen, die um so wichtiger erscheinen, als die Betriebsgrößen fast nur noch Hochspezialisiertes zulassen und die Sachen sowieso kaum noch jemand liest. Mode überwindet Isolation und Langeweile zugleich. Man kommt sich und Laien schon gleich ganz anders vor, wenn man nicht nur Ballerinen des 19. Jahrhunderts oder Militärmusik der Gegenwart studiert, sondern damit die »Kulturen des Performativen« in den Blick nimmt. Und da es der Geisteswissenschaft nur selten plausibel möglich ist, mit Nützlichkeit zu winken, auratisiert sie eben ihre Forschungen in großartigen Titeln, die Umbrüche, völlig neue Sichtweisen sowie den Bedarf signalisieren, alles noch einmal zu lesen. Es kann nicht ausgeschlossen werden, daß dabei etwas herauskommt. Die Leistung der Mode in den Geisteswissenschaften besteht aber vor allem darin, daß etwas hereinkommt: Drittmittel, Umbruchsgefühle, Kollektivbewußtsein.

Diskursive Klingeltöne

EINE sinnvolle Unterscheidung im Bereich der Fachsprachen ist die von Terminologie und Jargon. In der Wissenschaft beispielsweise halten die einen »Autopoesis«, »Intertextualität« oder »ikonisch« für Präzisionsgewinne, die anderen für einen gewollten Verständlichkeitsverlust und also für Elemente eines Jargons. An der Oberfläche ziehen dabei vor allem unbekannte Wörter die Aufmerksamkeit auf sich. Den Fachleuten sind sie geläufig, den Laien erscheinen sie oft entbehrlich, gekünstelt und in erster Linie Imponierabsichten dienend. »Inkompetenzkompensationskompetenz« war ein kleiner reflexiver Scherz Odo Marquards darüber. Denn damit bezeichnete er die Möglichkeit, sich drinnen, in den Disziplinen, schadlos dafür zu halten, daß man nur drinnen, aber nicht draußen etwas zu melden hat.[1] Reflexiv ist der Scherz, weil er nicht nur unterstreicht, daß schwierige Worte ein Mittel dazu sind, indem sie Verständlichkeitsverluste als Spezialisierungsgewinne ausweisen, sondern weil zugleich offenkundig ist, daß ein solches Wortmonster es

1 Odo Marquard, Inkompetenzkompensationskompetenz? Über Kompetenz und Inkompetenz in der Philosophie, in: ders., Abschied vom Prinzipiellen. Philosophische Studien, Stuttgart 1981, S. 23–38.

nicht einmal drinnen, im Fach, zu einem Begriff bringen kann, sondern nur zu einem Zitat.

Die Zweideutigkeit der Fachsprache zwischen Terminologie und Jargon betrifft aber nicht bloß das schwerverständliche Vokabular. André Kieserling hat darauf hingewiesen, daß es nicht weit führt, das Problem der Fachsprachen immer wieder an Worten festzumachen, die der Alltagssprache fremd sind.[2] Denn der Alltagssprache sind ja auch die fachlichen Verwendungen geläufiger Worte fremd. Daß »Arbeit« das Skalarprodukt aus Kraft und Weg ist, aber auch den Gegensatz zu »Produktionsmittel« bilden soll, während zugleich von »Trauerarbeit« gesprochen wird oder Kunstwerke als »Arbeiten« angesprochen werden, ist ein Beispiel. Für Begriffe wie den mathematischen der »Gruppe« oder den soziologischen der »Rolle« gilt ebenfalls, daß Termini sich vom alltagssprachlichen Vokabular nicht immer durch Exotik abheben. Es gibt terminologische Verwendungen von leicht- wie schwerverständlichen Worten. Dasselbe gilt für Jargons, die ein harmloses Wort wie »Begegnung« aufzuladen vermögen, aber auch fachsprachliche Wendungen wie »Kapital«. Umgekehrt gibt es auch zahllose schwerverständliche Vokabulare, die nie in Jargon-

2 André Kieserling, Soziologische Fachsprache: Terminologie oder Jargon?, in: ders., Selbstbeschreibung und Fremdbeschreibung. Beiträge zur Soziologie soziologischen Wissens, Frankfurt am Main 2004, S. 291.

verdacht geraten. Niemand regt sich darüber auf, daß Mitose und Meiose unterschieden werden oder etwas als »Cooper-Nowitzki-Theorem« durchgeht.

Den Worten selber kann man also nicht anhören, ob sie zu einer Terminologie oder einem Jargon gehören. Denn auch über diese Frage entscheidet, was mit ihnen in welchem Kontext getan wird. Kieserlings eigener Vorschlag lautet: Terminologien streben theoretische, Jargons moralische Konsistenz an. Ein Jargon wäre danach ein Vokabular, dessen Gebrauch Achtungserfolge in sozialen Kreisen bewirkt, die sich als geschlossene Gesellschaften begreifen. Das Unbehagen an der Terminologie läge danach im Verdacht sachlichen Abstands: Die meinen, Allgemeinverständlichkeit sei nicht möglich. Das Unbehagen am Jargon läge im Verdacht sozialer Distanzierung: Die meinen, Allgemeinverständlichkeit sei gar nicht wünschenswert. Kritik an der Terminologie ist eine Kritik an fehlenden Übersetzungen. Kritik am Jargon ist eine am Unwillen, Argumente diesseits ihrer Sprachgestalt zuzulassen.

Man kann diese Unterscheidung von Terminologie und Jargon verwenden, um ein sprachliches Phänomen zu beschreiben, das Merkmale von beidem hat. Mangels eines besseren Begriffs möchten wir es vorläufig als »diskursiven Klingelton« bezeichnen. Der Sinn der entsprechenden Sprechakte ist es, durch Verwendung prestigereicher Worte oder Wendungen wiedererkennende Zustimmung zu erwirken. In seinen Vorlesungen über Normgeltung hat der Soziologe Heinrich Popitz das am Beispiel des Wortes »Verantwortung« erläutert.[3] Wenn jemand dieses Wort in einer Diskussion ausspreche, müßten alle anderen nachfolgen, »weil es sonst irgendwie aussehen könnte, sie seien nicht für Verantwortung«. Dieser normative Druck beruht nicht auf der Geschlossenheit eines sozialen Kreises, der von der Verwendung bestimmter Signale die Zugehörigkeit abhängig macht. Er ergibt sich vielmehr aus der allgemeinen Werthaltigkeit der Vokabel.

Aber geben wir zunächst ein paar Beispiele, die, anders als »Verantwortung«, einen deutlichen Bezug zu Terminologien haben. Im Frühjahr 1993 hatte der amerikanische Mathematiker Tom Davis während einer Geschäftssitzung bei »Silicon Graphics« einen unterhaltsamen Einfall. Ihm gingen die vielen Schlagworte auf die Nerven, die während solcher Sitzungen regelmäßig fielen, weswegen er ein Programm schrieb, das einige von ihnen quadratisch in Fünferreihen anordnete. Es ging um Phraselemente wie: *Empowerment. Milestones. Robust. At Stanford, we... Owning a decision. Knowledge-driven. Cutting edge. Impactfulness.* So entstanden die ersten »Buzzword-Bingo-Karten«. Gewonnen hat in diesem Spiel, wer bei einem Vortrag auf einer solchen

---

3 Heinrich Popitz, Allgemeine Soziologische Theorie, hrsg. von Jochen Dreher und Andreas Göttlich, Konstanz 2011, S. 151 ff.

Karte zuerst fünf Phrasen in einer Reihe ankreuzen kann und »Bingo!« ruft.

Worte wie die genannten – inzwischen sind ihnen eigene Webseiten gewidmet – dienen einerseits der Bezeichnung von Sachverhalten. Wer beispielsweise »proaktives Handeln« fordert, will Vorausschau und gegenüber dem Markt etwas empfehlen, was im militärischen Bereich gegenüber dem Gegner »Präventivschlag« heißt. Es geht um Handlungen jenseits der Routine und um solche, die von vornherein als Zäsuren gedacht sind. Wer »proaktiv« sagt, will sich nicht einfach als Planer verstanden sehen, sondern kommuniziert eine eigentümliche Dynamik, die allerdings keinesfalls im Sinne von Aggression mißverstanden werden möchte. Wir haben es mit der Vokabel eines Managements zu tun, das sich mit bestimmten semantischen Aromen versorgen will: »Planung« klänge ihm zu nahe an »Verwaltung«, »preemptive action« zu martialisch, »aktiv« zu trivial – »proaktiv« vermeidet dies alles, ohne in der Sache etwas anderes zu sagen. Es absorbiert Widerspruch, nicht zuletzt dadurch, daß es neu ist. Und es teilt Zugehörigkeit zu etwas Neuem, Gegenwärtigem, Reformbereiten mit.

Der diskursive Klingelton dient also andererseits und vielleicht in erster Linie dazu, die Zustimmung zu einem Wertespektrum zu bekräftigen. Diese Eigenschaft teilen Klingeltöne mit Jargons. Im Unterschied zum Jargon aber wird Sprechern, die auf den diskursiven Klingelton verzichten, nicht offene Mißachtung zuteil. Ob der Klingelton hörbar ist, wird nicht von Sprachkontrolleuren überbewacht, der Sprachgebrauch erscheint eher als statistische Häufung bestimmter Vokabeln denn als Normierung aufgrund eines Code-Buchs. Es ist eher Chic sowie die Teilhabe an einer sozialen Bewegung, die kommuniziert werden, als Mitgliedschaft in geschlossenen Kreisen mit einem Zentrum.

Die Herkunft diskursiver Klingeltöne ist darum auch oft unbestimmter als bei wissenschaftlichen Jargons, die stärker an Autoritäten anschließen. »Proaktivität« etwa soll der Psychologe Viktor E. Frankl zuerst verwendet haben, um Handeln zu bezeichnen, das innengeleitet und unabhängig von Reizen ist.[4] Sein Erfahrungshintergrund war das Überleben in Konzentrationslagern, ein Sinn, der in der gegenwärtigen Verwendung komplett unkenntlich geworden ist. Die »Win-win«-Situation entsprang Versuchen an der Rechtsfakultät von Harvard in den siebziger Jahren, rationale Verhandlungstechniken zu entwickeln.[5] Den »Prosumer« hat Alvin Toffler erfunden, nachdem Marshall McLuhan 1972 vorhergesagt hatte, mittels elektronischer Technologien würden Konsumenten und Produzenten bald

---

4 Viktor Frankl, Man's Search for Meaning (1946), Boston 2006.

5 Roger Fisher, William Ury, Getting To Yes. Negotiating Agreement Without Giving In, Boston 1981.

nicht mehr unterscheidbar sein. »Gut aufgestellt« waren bis vor kurzem nur Fußballmannschaften, als Uraufstellung ist aber auch das »phalangem instruere« der römischen Schlachtordnung vorgeschlagen worden.[6] Die genaue Richtung der semantischen Diffusion ist in diesem wie in anderen Fällen einstweilen noch unerforscht. Vermutlich wird niemand je herausfinden, wer zuerst »impact« als Verb benutzt hat, eine Kommission als »task force« bezeichnete oder zuerst von einer »road map« sprach, als er eine Terminabfolge beabsichtigter Zwischenschritte meinte.

Schlagworte der gemeinten Art sind nicht notwendigerweise Anglizismen: schon deshalb nicht, weil sie ja auch von Angloamerikanern verwendet werden, denen ja kaum eine Faszination durch die Tatsache unterstellt werden kann, daß sie amerikanisch klingen. Die Bereitschaft, solche Klingeltöne zu übernehmen, entspricht auch nur in der Wirtschaft dem Gefühl, das prägende Vokabular entstehe in den Betriebswirtschaftsschulen führender Universitäten und werde in nordamerikanischen Firmen auf seine Klingeltonqualitäten geprüft. Doch solche eigentümlichen Kreuzungen von Fachsprache und Jargon gibt es eben nicht nur in Wirtschaftsorganisationen.

---

6 Burkhard Spinnen, Gut aufgestellt. Kleiner Phrasenführer durch die Wirtschaftssprache, Freiburg 2008.

Nehmen wir die, ihrem Selbstverständnis nach, von der Managementsprache denkbar weit entfernten Literatur-, Kunst- und Kulturwissenschaften. Auch hier läge die Verteilung von Buzzword-Bingo-Karten nahe. Auf ihnen stünden Wendungen wie »X schreibt sich in Y ein«, wobei X kein Student und Y kein Studiengang ist, sondern für X beispielsweise »das Gedächtnis«, »der Diskurs«, »die Politik« oder »die Bedeutung« gewählt werden kann, für Y vorzugsweise »den Körper«, »den Diskurs«, »das Bewußtsein«, vor allem aber »den Text« in Betracht kommen. Es finden sich allerdings sogar Wendungen wie diese: »Die Entstehung der Theologie der Befreiung schreibt sich in den größeren Zusammenhang der Umsetzung des Zweiten Vatikanischen Konzils ein.«[7] Man sieht: Die Formel »schreibt sich ein« ersetzt schlichtere Formulierungen wie »gehört zu«, »prägt«, »bestimmt«.

Andere diskursive Klingeltöne der Kulturwissenschaften lauten: etwas »mit jemandem lesen«. Mit Benjamin beispielsweise gelesen worden sind: die digitale Revolution, Stefan George, Sex, Baudelaire, Clemens von Brentano.[8] Mit de Sade ist Kant ge-

---

7 Martin Maier SJ, Aktualität der Theologie der Befreiung, in: Stimmen der Zeit, Heft 9 (2009), 577.

8 »Benjamin lesen? Das bedeutet vor allem: mit Benjamin lesen«, lesen wir im Klappentext von Alexander Honold, Der Leser Benjamin. Bruchstücke einer deutschen Literaturgeschichte, Berlin 2000.

lesen worden, von Lacan, Freud mit Lacan, Luther mit Lacan und Lacan mit Luther, Marx und Adorno mit Lacan, Irigaray mit Marx, Josefine Mutzenbacher (und Kafkas »Heizer«) mit Foucault, Foucault mit Habermas und jener mit diesem, aber letzterer nicht, und wenn wir richtig sehen, überhaupt noch niemand mit Mutzenbacher. Klingeltöne sind hier Markensignale, man trägt Theorie wie Madame Prada trägt: »Ein dekonstruktiver Ansatz«, »a habermasian inquiry«, »a derridean re-reading«. Der Klingelton teilt mit: Ihr wißt schon.

Der Klingelton des Mit-Lesens etabliert Lektüregemeinschaften, als die Literaturwissenschaftler und Philosophen tatsächlich oft erscheinen. Und zwar als Gemeinschaften heterogener Lektüre, in der Klassiker zu Urteilen über Tatbestände herangezogen werden, zu denen sie selber gar nichts gesagt haben, die aber für andere präferierte Klassiker eine Rolle spielen. Man ist beispielsweise von Benjamin – nicht so sehr von seinen Problemen oder Thesen, sondern von seinen Themen und Formulierungen – fasziniert und auch von Lacan. Auch wenn letzterer nichts über die barocken Sinnformen mitgeteilt hat, die ersteren interessierten, und auch wenn umgekehrt unklar ist, inwiefern es überhaupt eine Psychoanalyse von Stilfiguren geben kann, bietet der Klassiker doch Unterscheidungen an, »mit« denen man dann lesen kann: »Die Allegorie ist, bezogen auf die zwei Seiten (i.e. die aktive und die passive Seite, JK) des Triebes, das Dritte oder die Rhetorik des Triebes. Mit Lacan gelesen, ist sie das Dritte im Ineinander von Auge und Blick.«[9] Der diskursive Klingelton bekräftigt, daß man den richtigen Büchern und Vokabularen anhängt.

Außerdem kann man natürlich »mit Benjamin über Benjamin hinausgehen«, konnte man »mit Heidegger gegen Heidegger denken«, muß »Marx neu gedacht werden« (»Re-Thinking Marx«, »Rethinking Architecture«, »Re-thinking Aids«, »Rethinking leadership« etc.), wird überhaupt »denken« als Klingelton gern ohne Präposition mit Substantiven verbunden. Das Mit-Lesen kann ins Mit-Denken transformiert werden. Es sind dann »Präsenzeffekte des Zeichens (mit) zu denken«, heißt es dann, oder daß gezeigt werden soll, wie sich etwas »mit Kant denken läßt«. Sogar »Auschwitz denken« ist formulierbar.[10]

So, wie in der Managementsprache durch Klingeltöne die Bereitschaft zum selbstbewußten Weglassen unterstrichen wird – »nach vorne gehen«, »focused«, »step up to it« –, so betonen diejenigen der Geisteswissenschaften, wie viel Mühe man sich mit unbestimmten Gestalten gibt. Es wird Anstrengung kommuniziert, die honorig ist, auch wenn sie

9 Wie alle Belege hier zufällig herausgegriffen und für viele stehend: Susanne Kaufmann, Mit Walter Benjamin im Théâtre Moderne oder: Die unheimliche Moderne«, Würzburg 2002, S. 19.

10 Enzo Traverso, Auschwitz denken. Die Intellektuellen und die Shoah, Hamburg 2000.

vergeblich bleibt. Marx neu denken – es liegt auf der Hand, daß es sich dabei um einen ziemlich umfassenden, ziemlich anstrengenden und wichtigen Vorgang handelt. Der ganze Marx. Neu. Gedacht. Aber wer könnte schon dagegen sein, sich die Texte noch einmal anzuschauen?

Weitere Einträge der kulturwissenschaftlichen »Buzzword-Bingo-Karte« lauten »Politics of«, »Sehgewohnheiten in Frage stellen«, »figuriert«, »die abendländische Episteme«, »gebrochen« oder »negotiated reading/culture/identity«. Während die Klingeltöne des Managements Aktivität, Entschiedenheit und die Fähigkeit behaupten, in »komplexen« Verhältnissen Festlegungen zu treffen, signalisieren die geisteswissenschaftlichen Klingeltöne vorzugsweise Ambivalenz, die »auszuhalten« sei. Ständig wird etwas »durchkreuzt«, wird »Liminalität« und »Hybridität« unterstrichen, kommen »der Trickster«, die »Subversion«, das »Begehren« und die »différance« zu Ehren.

Ein anderes Merkmal der diskursiven Klingeltöne ist ihre freie Kombinierbarkeit. Wenn beispielsweise gesagt wird: »It is in the emergence of the interstices – the overlap and displacement of domains of difference – that the intersubjective and collective experiences of *nationness*, community interest, or cultural value are negotiated«[11], dann ist leicht

11 Homi Bhabha, The Location of Culture, London 1994, S. 2.

zu zeigen, daß Sätze wie »It is in the emergence of negotiated difference that intersubjective and collective interstices displace and overlap the cultural values of nationness and community« mit demselben Anspruch auf Zustimmung hätten formuliert werden können, aber genauso gut auch »The intersubjectivity of collective experiences emerges from negotiated interstices which re-value the nationness of different cultural communities«. Der selbständige Bedeutungsgehalt der einzelnen Elemente ist gewissermaßen zu gering, um nicht im Sound ihrer Anordnung unterzugehen. Nichts ist wörtlich gemeint – den »negotiations« beispielsweise entsprechen keinerlei tatsächliche Verhandlungen –, alles wird im Modus des »man könnte es so sehen, als ob« formuliert.

Das letzte Beispiel zeigt, daß man diskursive Klingeltöne nicht nur auf der Ebene von Worten oder Halbsätzen finden kann. Sie organisieren ganze Texte. Nehmen wir exemplarisch eine germanistische Durchschnittspublikation, die über »Briefe in Goethes Wahlverwandtschaften« Auskunft geben möchte.[12] Sie setzt mit dem Befund ein, daß in diesem Roman bildhafte Szenen, gerahmte Bilder, *tableaux vivants*, die *camera obscura* und Blicke durch

12 Gabriele Brandstetter, Schreibszenen – Briefe in Goethes Wahlverwandtschaften, in: Walter Hinderer (Hrsg.), Goethe und das Zeitalter der Romantik, Würzburg 2002, S. 193–212.

Fenster eine bedeutende Rolle spielen. Allerdings würden die Fenster in Goethes »Rahmentechnik« auch immer wieder »durchbrochen« und »verwischt«, und zwar »zum Beispiel durch Kleckse und andere Versehen«.

Mit der Frage, wie man ein Fenster durch Kleckse durchbrechen kann oder was es überhaupt hieße, einen Rahmen zu verwischen, ist der Leser noch vollauf beschäftigt, da ereilt ihn schon die nächste Zumutung, denn es ließe sich zeigen, heißt es, »in welcher Weise Rahmungen und Rahmenüberschreitungen eine Matrix der Lese- und Schreibpraxis bilden«. »Matrix« wäre ein Top-Eintrag auf jeder geisteswissenschaftlichen Buzzword-Bingo-Karte. Wer aber den letzten Satz anspruchsvoll findet, hat die unmittelbar nächsten nicht gelesen: »Solche Tableaux konstituieren einesteils stets, wie Roland Barthes es formuliert, einen ›reinen Ausschnitt mit sauberen Rändern‹. Anderenteils werden diese sauberen Ränder immer wieder verwischt, die Ausschnitte gestört, die Rahmen verrückt – und zuletzt ist es der Rahmenbruch, der in der Dramaturgie dieser Rahmeninszenierung immer wieder markiert wird durch die Überschreitung der Grenze zum Tod.« Durchbrochen, verwischt, überschritten, verrückt, gebrochen, inszeniert – man könnte hier von einer eigenen Klingeltontechnik sprechen: Nimm ein Objekt (Rahmen), erkläre es zum Begriff (auch Fenster sind Rahmen, Blicke sind gerahmt, Situationen haben einen Rahmen, Briefe sind Ausschnitte und insofern irgendwie rahmenhaft) und bezeichne alles, was sich den Analogien, die dieser Begriff erzeugt, nicht fügt, als Überschreitungen des Begriffs.

Im Text geht es noch lange so weiter. Über die »bis zuletzt offengehaltene Frage nach einem Rest (...), nach einem Überschuß, der in den Lesarten, in den Codes eben nicht aufgeht« bis zu dem »Moment des Begehrens oder des Magischen«, der »an die Differenz von Körper und Zeichen gebunden sei« und damit »an die Zäsur zwischen Anwesenheit und Abwesenheit«. Das alles trägt sich auf den ersten drei Seiten eines Aufsatzes zu, der danach sein Thema wieder findet, viele Belege für das Briefmotiv sowie Schreiben und Lesen in Goethes Roman beibringt, um schließlich in die These zu münden, daß Kommunikation, auch schriftliche, die an ihr Beteiligten nicht nur verbindet. »Briefe sind in den ›Wahlverwandtschaften‹ nicht mehr – wie noch im ›Werther‹ – Medien der Empfindungs-Aussprache des Subjekts«, sondern werden »Medien der Verfehlung«. Diese Erkenntnis, daß Kommunikation schiefgehen kann, bleibt hinter dem sprachlichen Aufwand, mit all den Rahmungen, dem Begehren, den Schreibszenen deutlich zurück. Der diskursive Klingelton macht etwas zum Geheimnis, das keines ist. Er versorgt die Interpretation mit derselben Vieldeutigkeit, die das Interpretierte auszeichnet, poetisiert die Wissenschaft von der Literatur, indem er sie mit einer Bildersprache überzieht, und läßt wissen, daß in Romanen wie Romandeutungen unfaßbar Bedeutsames vor sich geht. Es ist derselbe sprachliche Chic, den auch die Management-Buzzwords konsumieren: die Überhöhung trivialer Tätigkeiten und leicht darstellbarer Befunde durch stark aromatisierte Vokabulare.

Der Essay als Freizeitform von Wissenschaft

DER indische Verhaltensforscher Raghavendra Gadagkar, dessen Spezialgebiet soziale Wespen sind, hat nach einjährigen Studien am Berliner Wissenschaftskolleg drei Unterscheidungen festgehalten, mit deren Hilfe man bei einem akademischen Vortrag, auch ohne seinen Inhalt zu verstehen, gut identifizieren kann, ob er von einem Natur- oder von einem Geisteswissenschaftler gehalten wurde. Die erste ist die Unterscheidung von Sitzen und Stehen. Geisteswissenschaftler präferieren, sofern sie die Wahl haben, sitzend zu sprechen. Das erscheine ihnen auf Nachfrage, berichtet Gadagkar, weniger prätentiös, was insofern bemerkenswert ist, als die Naturwissenschaftler, die er fragte, genau umgekehrt Sitzen pompös fanden. Dabei könnte aber auch die Neigung von Naturwissenschaftlern, Bilder zu zeigen, eine Rolle spielen. Kunsthistoriker beispielsweise und Archäologen, so ist unser Eindruck, tragen auch gern im Stehen vor, da sie – lange vor PowerPoint und in einer Tradition, die bis zum Ende des 19. Jahrhunderts zurückreicht – zumeist Bilder kommentieren, die in ihrem Rücken erscheinen, und es ist anatomisch einfach bequemer, sich im Stehen als im Sitzen umzudrehen.

Die zweite Differenz könnte damit zusammenhängen. Es ist die von Sprechen und Lesen. Geisteswissenschaftler lesen vorzugsweise vom Blatt. Sie tragen also in derselben sitzenden Haltung vor, in der sie zumeist ihren Text erzeugt haben, während die Naturforscher den Vortrag auch körperlich anders auffassen als eine laute Niederschrift. Fast möchte man die stärkere Anhänglichkeit von Geisteswissenschaftlern an die Vorstellung einer Einheit von Forschung und Lehre, die ursprünglich den freien Vortrag forderte, der nicht auf schon erfolgter, sondern auf in der Situation selbst stattfindender Forschung, also lautem Nachdenken beruhen solle, aus diesem sitzenden Ablesen herleiten: Die Lehrhaltung ist die Forschungshaltung.

Drittens ist Gadagkar die Dichotomie von Zitieren und Nichtzitieren aufgefallen. Geisteswissenschaftler winken ständig, quote/unquote, mit Zeige- und Mittelfinger beider Hände, während Naturwissenschaftler die Originalformulierung, mit der Hans Krebs den Citratzyklus eingeführt hat, nicht einmal kennen. Wozu sollten sie auch? Geisteswissenschaftler hingegen finden gegen die Erwartung, es würden Neuigkeiten mitgeteilt, keinen Widerspruch darin, wenn sie Altes wortgetreu wiederholen. Der Fußnote und dem Beleg wird auch unter Umständen, nämlich denen der Interaktion, gehuldigt, in denen die Verweise vom Publikum gar nicht genutzt werden können, sondern allenfalls dem Vortragenden zum Beleg dienen, tatsächlich an der Quelle gewesen zu sein.

Der geisteswissenschaftliche Vortrag ist mithin zumeist stark von der Schriftform geprägt. Das hat erkennbar Nachteile. Zum einen macht er die Mündlichkeit im Grunde entbehrlich, denn man könnte die vorgetragenen Texte, sofern sie nicht ohnehin schon publiziert sind, den Interessenten ersatz- und reisemühensparenderweise auch zusenden. Seitdem das Internet erfunden ist, sind die üblichen Ausreden dafür, es nicht zu tun, obsolet. Doch schon in den Theorien der universitären Lehre als wissenschaftlicher Interaktion, wie sie um 1800 entwickelt worden sind, spielte die Erwartung eine zentrale Rolle, daß eine Vorlesung keine Ablesung sein sollte, sondern selbst eine produktive Handlung. Zum anderen neigt die Schriftfassung oft zur Überlastung der Zuhörer, sofern sie nicht eigens auf ein Auditorium und dessen Fassungsvermögen hin berechnet worden ist. Texte, die schon in der Lektüre eine Herausforderung sind, erschließen sich dem Ohr noch viel schwerer. All die Substantive, all die Nebensätze, all die Rückbezüge und Exkurse. Untergliederungen des Typs »Hier sind drei Punkte zu beachten, von denen die ersten beiden wiederum jeweils zwei Aspekte haben, der dritte drei« sind mündlich genauso eine Drohung wie die Bemerkung, die der Politologe Juan Linz einst in einem Vortrag über die Erträge der vergleichenden Diktaturforschung machte, nachdem er eine gute Stunde gesprochen hatte: »Now I come to my second point.« Die Schriftform neigt dazu, zu vergessen, daß wer das Mikrofon hat, nicht schon deshalb die Aufmerksamkeit besitzt und daß die Aufmerksamkeit von Zuhörern führungsbedürftiger und ermüdungsanfälliger ist als die von Lesern.

Das ist der rhetorischen Tradition seit Jahrtausenden bekannt, aber diese entweder den Geisteswissenschaftlern zu wenig oder eher als Objekt des Studiums denn als Beschreibung ihrer eigenen kommunikativen Voraussetzungen. Trotz zehntausender Referate, die in jedem Semester an deutschen Universitäten gehalten werden, gibt es keine Übung darin, wie zu sprechen sein könnte. Die Gedankenlosigkeit, diese Frage könne durch Kurse in PowerPoint-Präsentation beantwortet werden, hat längst auch die gymnasiale Oberstufe erreicht, ohne daß sich am durchschnittlichen Unwillen zum freien Vortrag irgend etwas geändert hätte. Nicht daß der wissenschaftliche Vortrag ein Schauspiel sein sollte, aber das Interesse des Publikums kann er nicht auf dieselbe Weise, in derselben Länge, mit derselben Struktur gewinnen wie ein Text.

Tatsächlich aber sitzen die Gründe dafür, daß Geisteswissenschaftler selbst dann lieber ablesen, wenn sie alle diese Argumente gehört und akzeptiert haben, tiefer als in ihrer Unerzogenheit. Sie liegen dort, wo für sie das Schreiben selbst stark affektiv besetzt ist. Es ist für sie nicht nur ein Aufschreiben des Erkannten, das so oder auch anders erfolgen könnte. An der Neigung vieler Wissenschaftler, schöne und jedenfalls nichttriviale Titel für ihre Texte zu finden, zeigt sich dieser Drang zur Figur. Man gibt Geschmacksproben des Stils, der den Leser erwartet: »Es gibt – Geschlechtsverkehr«, was als Buchtitel auf anderes noch als auf Argumente vorbereitet, oder noch besser: »Sphären III: Schäume«. Verbreitet ist auch die Übernahme der in Feuilletons gebräuchlichen Unterscheidung von rätsel- respektive anspielungshaftem Titel und erläuterndem Untertitel: »Die Textur der Neigungen. Attraktion, Verwandtschaftscode und novellistische Kombinatorik in Goethes ›Mann von funfzig Jahren‹« oder »Was die Mode streng geteilt. Rousseau und die Rhetorik der Geschlechter«. Man könnte von einem habituellen Anhübschungsbedürfnis – im Originalsound müßte es wohl »-begehren« heißen – bei vielen der mit Kunstwerken und philosophischen Gedanken befaßten Geisteswissenschaftler sprechen.

Um zu beschreiben, woher es kommt, ist eine sportsoziologische Typologie hilfreich. Gibt es doch im Sport Disziplinen, in denen die Leistung darin besteht, entweder einen Gegner direkt im Konflikt zu bezwingen oder in einer indirekten Konkurrenz objektiv höhere oder niedrigere Werte auf einer Skala zu erzielen – Sekunden, Meter, Kilogramm, Fehlerpunkte. Solche Disziplinen erinnern an ein natur- und sozialwissenschaftliches Leistungsverständnis: die überlegene Theorie, die mehr Daten zu erklären vermag, die genauere Messung oder das Paradigma, das sich wie die Viererkette durchsetzt, weil noch niemandem etwas Gutes dagegen eingefallen ist; mit dem Unterschied allerdings, daß das Ergebnis – im Match zwischen Stringtheorie und Restphysik, zwischen Anhängern von Rational Choice und symbolischem Interaktionismus oder zwischen Monetaristen und Keynesianern – hier je nach Publikum ein anderes ist.

In all diesen Disziplinen treten Darstellungsfragen hinter der Informationsmitteilung zurück. Gewiß beeindrucken auch Naturwissenschaftler gern durch Grafiken, und mit der Mathematik gibt es sogar eine Grenzdisziplin, in der die Eleganz eines Arguments zu den sachlichen Leistungsgesichtspunkten gehört. Doch wenn es nicht schön geht, sondern nur richtig ist, obsiegt im Konfliktfall die Richtigkeit. Sprachliche Ausgefeiltheit spielt jedenfalls eine untergeordnete Rolle, und Disziplinen, die den Verdacht, »weiche« Disziplinen zu sein, besonders fürchten, wie die Volkswirtschaftslehre, geben sich vermutlich darum besonders wenig Mühe mit der sprachlichen Qualität ihrer Mitteilungen. Oder, um ein anderes Beispiel zu wählen: In der Gründungsphase der Soziologie gab es zwei Autoren von Rang, die Darstellungsfragen und Fragen der Lesbarkeit besonders offen mißachtet haben: Emile Durkheim und Max Weber. Von Durkheim stammt die gegen Buffons »Le style c'est l'homme« gerichtete Bemerkung, anstatt den eigenen Stil zu verbessern, könne man sich in derselben Zeit auch weiterbilden. Das kann man schlecht bestreiten. Der dritte Autor hingegen, dem die Soziologie in ihren ersten disziplinären Schritten ungeheuer viel verdankt – zum Beispiel die Unterscheidung von Konflikt und Konkurrenz –, kümmerte sich erkennbar um seinen Stil: Georg Simmel. Er schrieb, wir kommen darauf zurück, Essays. Und es darf geraten werden, wer von diesen dreien die größeren Schwierigkeiten hatte, als Fachwissenschaftler ernst genommen zu werden.

Demgegenüber ähneln manche Geisteswissenschaften, darunter vor allem die hermeneutischen und ästhetischen Disziplinen, stärker Sportarten wie der rhythmischen Sportgymnastik, dem Turmspringen, dem Snowboard-Halfpipe oder dem Eiskunstlauf. Hier ist der Stil Voraussetzung des Sieges, unschön gewinnen kann man gar nicht. Denn hier geht es darum, die körperliche Leistungsfähigkeit einzusetzen, um eine bestimmte Formvorgabe zugleich zu erfüllen und zu variieren. Es wird eine Übung gezeigt, die durchaus nach ihren Neuigkeitswerten beurteilt wird, aber eben auch danach, wie perfekt vorgegebene Figuren ausgeführt und kombiniert werden. Der Gewinn dokumentiert sich nicht in Punkten oder Meßwerten, sondern in Noten. Ersetzt man nun körperliche durch intellektuelle Leistungen, ist man bei den hermeneutischen Disziplinen. Einer rein didaktischen, ausschließlich auf den Wirkungsumfang ihrer Mitteilungen achtenden Formwahl verschließen sie sich. Auch wenn das Publikum keine Zeit hat, verzichten sie auf Kürze. Auch wenn unter Gesichtspunkten der

Leistungsfähigkeit Arbeitsteilung einleuchtet, verzichten sie, zugunsten von Autorschaft, auf Kooperation. Auch wenn unklar ist, was schöne Formulierungen eigentlich ausrichten, und wenn es gar keine Leser gibt, die viel Zeit erübrigen könnten, um sich in ausgeklügelte Anspielungs- und Darstellungszusammenhänge einzuarbeiten, wird so formuliert, daß jeder Beitrag eine Welt für sich ist, und zwar eine schöne oder jedenfalls berührende.

Schreiben ist hier der Versuch, eine der Sache selbst – nicht dem Publikum und der Sprech- oder Schreibsituation – angemessene Darstellung zu finden. Und die Sache selbst ist schön, Kultur, Bedeutung, Wahrheit anstatt bloß Richtigkeit, etwas, das man nach einer der erfolgreichsten Programmschriften dieses Bereichs nicht mittels Methoden erreichen kann. Das »Hauptsache, die Information kommt an« vieler Disziplinen erscheint darum hier inadäquat. Nicht selten erfolgen die Übungen wie in manchen Formvollzugssportarten an einem schwierigen Gerät und heißen dann Relektüre. Alles vermag noch einmal wiedergelesen zu werden, auch die Relektüren selber.

Wichtig scheint dabei unter anderem zu sein, daß die Frage »Sieht man mich?« für den Geräteturner bejaht werden kann. Das betrifft vor allem die Grenzgattung dieser geisteswissenschaftlichen Einstellung. Denn für den Essay als ihre Freizeitform scheint es von besonderer Bedeutung, daß er unverwechselbar ist, die Mitteilung eines Individuums über Individuelles. Im Paragraphen 173 seiner »Deutschen Stilistik«, auf die in diesem Zusammenhang Georg Stanitzek aufmerksam gemacht hat, bezeichnet der Germanist Richard M. Meyer 1906 den Essay als »Aphorismus im größeren Maßstab« und ordnet ihm das Merkmal des Monologischen zu. Der Essay wolle anregen, nicht »wirkliche Anschauungen oder Kenntnisse fertig mitteilen«, er strebe auf Paradoxien und Pointen zu und zitiere gern selber welche. Außerdem sei der Essay unvollständig, weil er sich erst im Nachdenken des Lesers über die vorgetragenen, jedoch nicht in letzter Konsequenz ausgeführten Gedanken vollende. Als höchste Freizeitform der schönen Geisteswissenschaften kann man den Essay bezeichnen, weil in ihm nicht einmal mehr der Anschein aufrechterhalten wird, daß die Gedanken in einem Arbeitszusammenhang stehen. Wenn Essays weitgehend fußnotenlose Texte über Texte oder als Texte behandelte Gegenstände sind, dann dokumentiert die Abwesenheit der Fußnoten vor allem, daß mit einem Publikum gerechnet wird, das für sie gar keine Verwendung hat. Wer ein Argument vorträgt, bei dem die Fußnoten weggelassen werden, die dem Leser eigentlich helfen würden, schreibt für Leser, die an den Fragen, die behandelt werden, nicht selber forschen. Zugleich wird offenkundig ausreichend eigene Autorität unterstellt, um sie nicht über Fußnoten abstützen zu müssen. Im Grunde überläßt es der Essayist der Mit- und Nachwelt, herauszufinden, von wem er es hatte, oder gibt zu verstehen »Hab es mir alles selbst, zusammen mit den Klassikern, ausgedacht«, was natürlich entweder gelogen ist oder leider stimmt. Das »I did it my way« stellt sich dabei dem Vergleich nur auf der Ebene des ganzen Textes und nicht der einzelnen Argumentationsschritte und empirischen Behauptungen. Der Essayist gibt sich am liebsten nur als Ganzer, er ist, genaugenommen, ein Autor, kein Forscher – und wenn man andere Herkünfte des Essayisten mit einbezieht, ist er dann ein Autor und kein Journalist, ein Autor und kein Politiker etc.

Das wirft die Frage nach den Voraussetzungen dafür auf, daß es für eine solche Mitteilungsform überhaupt ein Publikum gibt. Einerseits muß es informiert genug sein, um jenen Monologen folgen zu können, andererseits hat es seine Informationen (seine Bildung) nicht aus spezialisierter Befassung mit den Fragen, die ihm essayistisch vorgelegt werden. Und schließlich muß es gegenüber den Zumutungen des Essays ausreichend duldungsfähig sein. Zumutungen wie beispielsweise der, daß Essays so gut wie nie »Abstracts« haben, oder derjenigen, daß in Essays niemals erklärt wird, was »Dekonstruktion« heißt oder »Dialektik« oder »Diskurs« oder »der späte Hölderlin«. Georg Lukács hat 1911 in »Über Wesen und Form des Essays« eine ziemlich komplette Liste dieser Zumutungen veröffentlicht, und zwar – wenngleich als »Brief« tituliert – selbst als Essay, also Zumutung. Man kann sie in der Formel »Das Argument als Kunstwerk« zusammenfassen. Mit den Kunstwerken teilen die Essays demzufolge, daß man sie auch dann noch liest, wenn es längst neuere Exemplare der Gattung gibt, und Lukács, für den Platons »Symposion« ebenso ein Essay ist wie Lessings »Hamburgische Dramaturgie« und Jacob Burckhardts »Kultur der Renaissance in Italien«, scheut sich nicht zu sagen: wenn es längst zutreffendere Argumente zum selben Sachverhalt gibt. Darauf kommt es also gar nicht an. Vielmehr darauf, daß die ästhetischen Objekte und philosophischen Gesichtspunkte, wie Lukács sich ausdrückt, »eine Stellungnahme dem Leben gegenüber« enthalten, die der Essay bezeichnet. Das könnte sein Desinteresse an Rollentrennungen, Spezialistentum und »Kenntnissen« erklären. Der Essay teilt mit, seine Gegenstände seien doch von umfassenderer Bedeutung als nur derjenigen, die ihrer philologischen Analyse, historischen Interpretation, wissenssoziologischen Beschreibung zugänglich wäre, oder auch nur: der Prüfung ihrer Argumente.

Von welcher Art diese Bedeutung ist, geht aus Lukács' Satz hervor, es sei nicht möglich, daß zwei Essays einander widersprächen, denn jeder erschaffe ja eine eigene Welt. Siehe Kunst, siehe auch Geräteturnen. Hierin liegt die tiefe Sehnsucht der hermeneutischen Disziplinen, an Eigenschaften ihrer Gegenstände partizipieren zu können. Sie verstehen sich dann als Vollzug von Traditionsbildung oder Traditionskritik mehr denn als soziales Verfahren des Erkenntnisgewinns an Objekten. Womit sie der Betriebswirtschaftslehre, die sich Sorgen um den Betrieb macht und seiner Pflege wie Beratung dient, mehr ähneln als der Biologie, die in den meisten ihrer Beiträge keine Rücksicht auf den Naturschutz nimmt, der Pädagogik, die kindgerecht sein möchte, mehr als der Soziologie, jedenfalls dort, wo diese nicht die Gesellschaft, sondern allenfalls sich selbst verbessern möchte. Am Essay tritt diese praktische Intention der ästhetischen Fächer, die über ihren Erkenntnisgewinn hinauszugehen behauptet, literarisch hervor. Die Frage ist dann, ob von jener Schlüsselbedeutung der Kunst wie der Philosophie, die damit in Anspruch genommen wird, noch etwas übrig ist.

Nachweise

Die folgenden Essays beruhen auf Beiträgen, die bereits an anderer Stelle erschienen sind oder als Vorträge konzipiert wurden. Für diesen Band sind sie vom Autor überarbeitet worden.

»Was Schule leisten soll und kann«: Erstveröffentlichung in: »Merkur«, Heft 11/2011, unter dem Titel »Soziologiekolumne: Bildung, Schule«.

»Erziehung oder Sozialisation?«: Erstveröffentlichung in: »Zeitschrift für Pädagogik«, Jg. 52/2006 unter dem Titel »Bildung nach Dreeben«.

»Pygmalion, der Habitus und die Soziologie der Karriere«, Erstveröffentlichung in: Vodafone Stiftung (Hrsg.), »Transmission 4: Geschmack, Haltung und Karriere. Habitusformation in Bildung und Beruf«, Düsseldorf 2011.

»Universität, Prestige, Organisation«, Vortrag auf Einladung der Carl Friedrich von Siemens Stiftung, Oktober 2012, abgedruckt in: »Merkur«, Heft 4/2013.

»Die wollen doch nur spielen: Vom Rückzug des Streits aus den Wissenschaften«: Erstveröffentlichung in: »Gegenworte«, Heft 24 (2010).

»Hochschule als Unternehmen«: Erstveröffentlichung in: Ludger Heidbrink/Peter Seele (Hrsg.), »Unternehmertum. Vom Nutzen und Nachteil einer riskanten Lebensform«, unter dem Titel »Die unternehmerische Universität«, Frankfurt am Main 2010.

»Was die Mode streng geteilt«: Erstveröffentlichung in: »Gegenworte«, Heft 25 (2011), unter dem Titel »Moden in den Geisteswissenschaften«.

»Diskursive Klingeltöne«: Erstveröffentlichung in: Julia Voss/Michael Stolleis (Hrsg.), »Fachsprache und Normalsprache«, Darmstadt 2012.

»Der Essay als Freizeitform von Wissenschaft«, Erstveröffentlichung in: »Merkur«, Heft 1/2014.

2015
zu Klampen Verlag
Röse 21 · D-31832 Springe
info@zuklampen.de · www.zuklampen.de

Reihenentwurf: Martin Z. Schröder, Berlin
Satz: textformart, Göttingen
Gesetzt aus Baskerville Ten
Druck: CPI – Clausen & Bosse, Leck

ISBN 978-3-86674-407-3

Bibliographische Information der
Deutschen Nationalbibliothek:
Die Deutsche Nationalbibliothek
verzeichnet diese Publikation in der
Deutschen Nationalbibliographie;
detaillierte bibliographische Daten
sind im Internet abrufbar:
http://dnb.d-nb.de